パリ在住の料理人が教える

一生ものの
定番スイーツレシピ

えもじょわ

KADOKAWA

はじめに

お菓子をおいしく、きれいに作るためには、工程ひとつひとつの意味を理解しながら作業することが大切です。
それがお菓子作りの「基礎力」となります。
基礎力さえあれば失敗の回数も減っていき、より複雑なお菓子作りにもチャレンジできるようになるでしょう。自分で新しいレシピを考えることだって夢ではありません。

僕がお菓子作りを始めたばかりのころは、作業の意味もよくわからず、考えることもせず、ただ手を動かしていただけなので、失敗も多くなかなか上達できませんでした。
上達のコツは自分の作業に疑問を持ち、考え、頭を使って作ること。すると少しずつ基礎が養われ、それを応用できるようになるのです。

この本は僕がお菓子作りで得てきたコツを、惜しみなく伝えたいという思いから作られています。
お菓子作りの未経験者にもわかりやすいよう、できるだけ多くの工程を、写真とともに詳しく解説しました。
この本のレシピに沿ったお菓子作りを体験することで、生地の混ぜ方、焼き加減、生クリームやタルト生地の扱い方など、それぞれの工程に必要な情報を、感覚的にも覚えることができるでしょう。

「一生ものの定番レシピ」で、皆さんが「一生ものの基礎力」を手に入れてくださることを願って……。

えもじょわ

Contents

この本の使い方

＊計量単位は小さじ1＝5㎖、大さじ1＝15㎖です。

＊オーブンの焼き時間はあくまでも目安です。型の大きさや深さ、オーブンの機種によっても差がありますので、お持ちのオーブンの特徴をつかんで調整してください。

＊電子レンジは600Wを使用しています。

＊卵はMサイズ　（殻を除いた全卵50g、卵黄20g、卵白30g）を使用しています。

撮影／えもじょわ

デザイン／林 陽子（Sparrow Design）

校正／麦秋アートセンター

フランス語監修／明石伸子

編集／細川潤子

協力／尾田 学・山内麻衣

お菓子作りの基本

成功のコツ

しっかり準備をし、基本の動作を覚えること…。
ポイントを押さえれば、お菓子作りは大丈夫。
慣れるまでは何回も繰り返して作り、経験を積むことが大切です。

お菓子作りはタイミングが大事です。本を見ながら作り始めたら、準備に不手際があって
何度も手が止まる、などということがあると、でき上がりに影響します。
そこで、途中で作業を中断する時間が長くならないよう、事前の準備が重要です。
例えば生地を作ってから型にクッキングシートを敷き込んだり、オーブンを温めたりする
のでは、生地のベストな状態を逃してしまいます。
そうした事態を避けるためにも、作り始める前にレシピをよく読み、見落としがないよう
にチェックしましょう。

1　材料と道具をすべて用意して計量する。
2　無塩バターや卵を常温に戻す。
3　粉類をふるう。
4　型にクッキングシートを敷き込む。
5　オーブンを予熱する。

これらの、あらかじめできる作業はしておくこと。
またレシピを前もってよく読むこと。全体の流れをつかんでから取りかかると、
途中であわてることもなく、スムーズにできます。

道具を用意する

最初に基本の道具をそろえます。
料理と兼用のものもありますが、お菓子専用の道具もあったほうがいいでしょう。
最初は以下に紹介する最低限必要なものをそろえ、作りたいお菓子に合わせて
少しずつ集めていくようにします。

1

スケール（はかり）

1g単位で量れるデジタルスケールがお菓子作りには不可欠。風袋引き機能は容器をのせてから目盛りを0gに設定し、材料を加えながら量れるので便利。

2

ゴムベラ

生地を混ぜる、表面をならす、ボウルから生地をこそげ取るなどに使う。熱に強いシリコン製なら安心。このほか煮詰めるときに使う木ベラも。

3

ホイッパー（泡立て器）

卵白や生クリームの泡立てに使うほか、生地をふんわり混ぜるときなどにもよい。種類はさまざまだが、ワイヤーがしっかりしたものが泡立てやすい。

4

ボウル

熱の伝わりやすいステンレス製と、レンジなどでも使える耐熱ガラスのボウルがあると便利。生地を混ぜたり、生クリームを泡立てるには直径24cmぐらいのものが使いやすくおすすめ。

5

パレットナイフ

クリームを塗り広げるときに使う薄くてしなやかな平たいナイフ。シフォンケーキを型から出したり、ケーキを皿に移動させたり、ロールケーキを巻き上げるときなどにも使う。

6

刷毛

生地にシロップを塗るときに必要。豚毛やナイロン製などがあるが、熱に強く、手入れが楽なシリコン製がおすすめ。

7

絞り袋

絞り袋と口金はクリームの絞り出しや生地を焼くときなどに使う。絞り袋と、まずは丸形と星形の口金をそろえたい。

8

計量スプーン

きちんとした計量が失敗を防ぐので、必ずそろえたい道具。最低限大さじと小さじがあれば大丈夫。計量カップも液体を量るときに必要なので、200mlのカップを用意。

10

こし器

ストレーナーともいう。粉をふるったり、生地をこしたり、裏ごしに使う。ボウルの縁にかけられるフックがついていると使いやすい。

9

ハンドミキサー（電動泡立て器）

大量の生クリームやメレンゲを泡立てるときに電動があると楽。泡立てる必要がなく、生地を混ぜるだけのときはホイッパーで、しっかり泡立てたいときはハンドミキサーで、などと使い分けるとよい。

※このほかに必要なのはオーブン、鍋、焼き型、めん棒、クッキングシートなど。あれば便利なのはケーキクーラーや回転台です。デコレーションケーキをきれいに作りたい人は、回転台があれば、失敗なく楽にできます。

下 準 備 の 仕 方

お菓子作りをスムーズにするために下準備は欠かせません。
基本のやり方を覚えて、工程に取り組む前にきちんとすませてください。
材料だけでなく、オーブンの予熱なども忘れずに。

正 し く 計 量 す る

失敗しないためにも、正しい計量が必要です。お菓子作りは材料の比率によってでき
上がりが左右されるからです。計量の道具それぞれの基本の量り方を覚えましょう。

計量スプーン

計量スプーンで液体を量る場合、大さじは15㎖、小
さじは5㎖です。また、粉類を量る場合はスプーン
で材料多めにをすくい、スプーンの柄で上をスーッ
となでて平らにします（すり切り）。1/2量や1/3量
の場合は一度すり切りにしてから1/2、1/3という
ように取り除きます。

粉をすり切りにした状態。別のスプーンの
柄などで平らにそぎ落とす。

計量カップ

計量カップは水平なところに置き、目盛りを真横から見
ながら液体を注ぎ、量ります。斜め上から見下ろしなが
らでは、正しく量ることができないので注意！

目盛りは真横から見ること。

スケール（はかり）

スケールはお菓子作りには欠かせない器具です。中
でも1g単位で量れるデジタルスケールが必須です。
使い方はボウルや容器をのせてボタンなどを押して
0gにし、材料を入れて重さを量ります。次の材料を
入れるにはここからまたボタンを押して重さを0g
に再設定してから。こうして追加しながらそれぞれ
の重さを量ることができるタイプなら、テンポよく
作業ができます。注意するのは水平な場所で使うこ
と。また、電子機器なのでしっかりとした品質のス
ケールを買うことをおすすめします。

1 空のボウルを置いた状態で0gに設定。

↓

2 材料を入れて量り、さらに0gに設定しなが
ら足せば、簡単に材料ごとの量が量れる。

粉類をふるう

お菓子を作る際には、薄力粉やベーキングパウダーなどの粉類は一度ふるってからほかの材料と混ぜます。粉のかたまりがほぐれると、粒子が均一に分散し、生地に混ざりやすくなります。特にココアパウダーや抹茶はかたまりになりやすく、その状態のまま混ぜると生地がダマになったりするので、必ず行いましょう。下にボウルを置く、もしくは大きめの紙などを敷き、こし器やざるに粉類を入れて、こし器の縁を軽くたたきながら粉を落とします。

卵の卵黄と卵白を分ける

レシピには卵を割って卵黄と卵白に分ける、という作業がよく出てきます。
これは卵を割ったら卵黄を左右の殻に入れ替えながら、卵白を除いて分けるということです。
もし卵黄と卵白を分けるときに、少量でも卵白に卵黄が混じってしまったら、その卵白はメレンゲには使えません。また保存もしないようにしてください。卵黄が混じっているとメレンゲが泡立ちにくくなりますし、卵黄は傷みやすい食品なので保存に適していません。

1 下にボウルを置き、こし器をのせて粉を入れる。

↓

2 こし器の縁をたたきながら粉を落とす。

かたまりやすいココアパウダーや抹茶は必ずふるってから使う。

卵を割るときはフラットな場所か、卵同士をぶつけてひびを入れ、割れ目を上にして親指でそっと開く。

卵の殻をボウルの縁で割らないこと。割れた殻がボウルの中に入りやすい。

1 卵黄と卵白に分けるには、2つの容器を用意し、一方の容器の上で卵黄を左右の殻に入れ替えながら、卵白を容器に落とす。

↓

2 もう一方の容器に卵黄を入れる。

ゼラチンの戻し方

ゼラチンには粉状と板状があり、使用後の透明感や保形性に変わりはありません。どちらも充分に水でふやかすこと。溶けやすい温度は50〜60℃で、沸騰させると凝固作用が弱まるので注意しましょう。

粉ゼラチン(左)と板ゼラチン(右)。

粉ゼラチンは5倍の水でふやかす。

板ゼラチンはたっぷりの冷水につけて戻し、絞って水気を切ってから使う。

型にクッキングシートを敷き込む

生地を焼くときは焼き型にクッキングシートを敷き込んでおきます。こうすることで、焼き上がりにきれいに型から取り出すことができます。クッキングシートは型に合わせて、切って使います。丸型に敷くクッキングシートはパウンド型のような1枚ではなく、底と側面の2枚に分かれているので、バターを塗って安定させてください。

パウンド型

1 型を逆さまにしてクッキングシートをかぶせる。

↓

2 型の底に合わせて折り目をつけ、側面も型の高さと長さをそろえる。

3 型に合わせてクッキングシートを切る。四隅は切り取る。

↓

4 型の内側にクッキングシートを敷き込む。

丸型

1 型の底と側面に合わせてクッキングシートを切り取っておく。

↓

2 クッキングシートを安定させるため、型にバターやマーガリンを塗る。

3 クッキングシートを敷き込む。

基本のテクニックを知る

さまざまなお菓子作りに共通するよく使われる基本のテクニックです。
コツを覚えると余分な力もいらず、効率よくできるので、
ぜひ正しい方法をマスターしてください。

泡立ての仕方

泡立てるときは手で泡立てる泡立て器＝ホイッパーか、電動泡立て器＝ハンドミキサーで行います。
ホイッパーを使うときは、ボウルに斜めに当たるようにして、手首を使って左右に泡立てたり、円
を描くように泡立てるのがポイントです。ホイッパーをボウルの底に斜めに当てれば、より多くの
泡を含ませることができます。反対に、ホイッパーを立てたまま行うと泡が入りにくくなります。
これを利用して泡立てたくない生地を、ゴムベラよりも効率的に混ぜることもできます。
ハンドミキサーは強力な力でより早く泡立てることができます。羽根の部分を垂直に立てて、円を
描くように動かしながら泡立てます。ただし少量の材料、例えば卵白1個分くらいであればホイッ
パーのほうが泡立てやすいでしょう。

ホイッパー

ホイッパーはボウルに斜めに当たるように
すると泡立てやすい。

あまり泡立てたくないときは、ホイッパー
を立てるようにする。

ハンドミキサー

1 泡立て始めのときのみ、ボウルを傾けると多
くの泡を含ませることができ、時短になる。

↓

2 羽根の部分を垂直に立てて円を描くように
動かしながら泡立てる。

生クリームの泡立ての目安

六分立て

ホイッパーですくうと、トロッとして流れ落ちるかたさ。跡がすぐに消える。ムースやソースに。

七分立て

ホイッパーですくうとゆっくり落ち、少し時間をおいて跡が消えるかたさ。ケーキに塗るときに。

八分立て

ホイッパーですくい上げると角が立ち、先端が少し曲がる。ケーキに塗ったりデコレーションに。

九分立て

角の先端までピンと立っている状態。ケーキのデコレーションや、飲み物に浮かべるときにも。

湯煎のかけ方

容器ごと湯に入れて、間接的に熱することを湯煎といいます。バターやチョコレートを溶かすときなどによく使う方法です。バターは量にもよりますが、容器に入れ、容器ごと熱湯につけておけば溶けます。

チョコレートを湯煎にかけて溶かすときは、湯の温度を50〜60℃にします。このときボウル内にお湯が入らないように、ぴったりとした容器を選ぶのがベスト。大きな容器にお湯を入れ、小さなボウルを浮かべて溶かすとお湯が入り込みやすく、湯気がチョコレートに接触しただけで水分と油脂分のバランスを失ってなめらかさがなくなり、ぼそぼそになってしまいます。

チョコレートを、バターや生クリームなどと一緒に溶かす場合はここまで神経質になる必要はありませんが、チョコレートを溶かしてコーティング用に使ったり、型に入れてかため直す場合は、気をつけなくてはならないことです。

チョコレートのときはボウルの中に湯気が入らないよう、ぴったりした容器で湯煎する。

大きい鍋だと湯が入り込みやすいうえ、鍋の湯気がチョコレートに触れて変質するので注意。

生地の混ぜ方

生地を混ぜるときは、ゴムベラを使います。基本の動作を身につけてリズミカルに行うと、
生地がまんべんなく混ざり合い、なめらかになります。

混ぜ方の基本

1 ゴムベラをボウルの時計で1時の方向に
差し込み、左手はボウルの10時方向の
部分をつかむ。

2 ゴムベラがボウルに当たっている手ごた
えを感じながら、円を描くように7時方
向まで動かすと同時に、左手も7時に動
かしボウルを回す。

3 ゴムベラを持ち上げて1の態勢に戻る。
※ゴムベラについた生地は勝手に落ちて
いくのはかまわないが、特別落とす必要
はない。※1〜3の動作を1秒に1回くら
いのペースで行うのがベスト。

Point

2のとき、ゴムベラがボウルの真ん
中付近を通過したり、生地の縁をこ
そげ取ったりするように混ぜること
で全体がむらなく混ざります。常に
生地の具合を見ながら効率的に混ざ
るように考えてゴムベラを動かすこ
とが大切です。

絞り袋の扱い方

ホイップクリームでデコレーションするほか、シュー生地やクッキー生地などやわらかい生地の絞り出しにも使います。
絞り出すときは、なるべく手の熱で中身が温まらないよう、袋に触れる手の面積を少なくします。

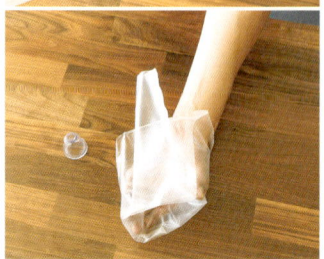

1 絞り袋の先端をはさみで切り取って口金を中に入れ、先端にセットする。

↓

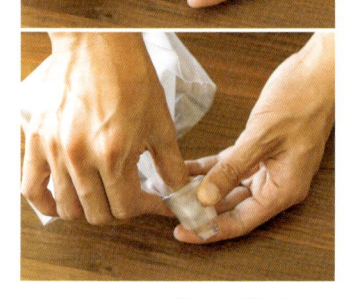

2 口金から上の数cmの部分をひねって口金の中に詰め込む。こうすると栓ができるのでゆるい生地を入れたときに口金からもれ出さない。

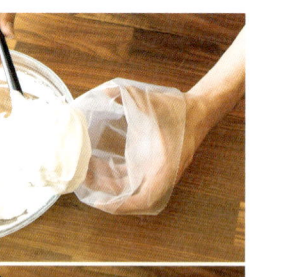

3 絞り袋の1/3を手のひらにかぶせるように折り返してから、クリームを入れる。

手ではなく容器に絞り袋をかぶせて入れると、両手で作業ができてよい。

↓

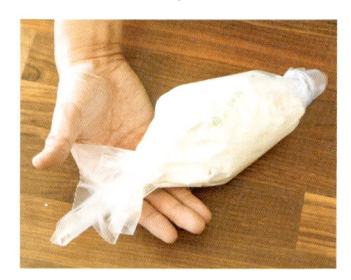

4 折り返した部分を戻す。

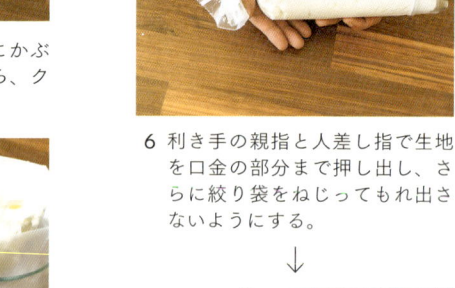

5 口金に詰め込んだ絞り袋をのばす。

↓

6 利き手の親指と人差し指で生地を口金の部分まで押し出し、さらに絞り袋をねじってもれ出さないようにする。

↓

7 絞り出すときは利き手で生地を押し出し、逆の手で絞り袋の下部を支えて口金をコントロールするのがコツ。

1

簡単デザート

まずは材料も手順もシンプルなお菓子から。
簡単でおいしいスイーツを作ってみましょう。

フルーツのクランブル

Crumble aux fruits

クランブルとは小麦粉、砂糖、バターを混ぜてそぼろ状にした生地と
それを用いたお菓子のこと。イギリス、アイルランド発祥のデザートです。
フルーツの上にクランブルをかけ、オーブンで香ばしく焼いて作るお菓子がおなじみ。
とても簡単なので、初めてお菓子を作る方にもオススメします。
焼きたてをすぐにいただくのがおいしい食べ方です。
りんごで作るのが一般的ですが、加熱に向くさまざまなフルーツで楽しんでください。

材料（18 × 12cmグラタン皿 1 台分）
無塩バター　40g
グラニュー糖　40g
アーモンドプードル　40g
薄力粉　40g

フルーツ各種　300 ～ 400g
※りんご、アプリコット、さくらんぼ、
バナナ、いちごなどお好みで

準備
・オーブンを 180℃に予熱する。

 **作り方**

1

ボウルに角切りにした冷えたバター、グラニュー糖と、アーモンドプードル、薄力粉をふるって入れる。

4

上に3のクランブルをかける。

2

そぼろ状になるように指でつぶしてクランブルを作り、冷蔵庫で冷やしておく。

5

180℃に予熱したオーブンで20〜30分、うっすらと焼き色がつくまで焼く。

3

フルーツを食べやすい大きさに切り、グラタン皿に敷き詰める。

でき上がり。
※温かいうちに食べるのがクランブル。でも、さめてもおいしく食べられます。

砂 糖

・グラニュー糖と上白糖

日本で砂糖と言えば上白糖ですが、海外ではグラニュー糖が一般的です。上白糖はほとんど見かけることがありません。

グラニュー糖は甘さの成分のショ糖の純度が高く、サラサラしています。クセがなく、お菓子作りには最適です。

上白糖はショ糖の他にも転化糖が加えられていてしっとりしています。

お菓子のレシピで「グラニュー糖」とあっても上白糖で代用が可能ですし、その逆ももちろん可能です。上白糖を使うと少しだけ焼き色がつきやすくなります。

また、フランスではカソナードと呼ばれるさとうきび100％の精製されていないブラウンシュガーもよく使われます。素朴な風味の焼き菓子などに最適。日本なら三温糖やきび砂糖でも代用できます。

グラニュー糖と水を煮詰めれば、キャラメルに。

小麦粉

・薄力粉、中力粉、強力粉

小麦粉の種類には薄力粉、中力粉、強力粉があり、含まれるグルテンの割合によって区別されています。

お菓子作りにもっとも適しているのはグルテンが少ない薄力粉。グルテンの多い強力粉は主にパン作りに使われますが、サラサラとしていてかたまりにくいという特性を持つので、生地をめん棒でのばす際の打ち粉としても使われます。

薄力粉と強力粉の中間の中力粉は、ドーナツなど食べごたえのあるお菓子に向いています。

いずれも湿気やにおいを吸収しやすいので、きちんと密閉して保管してください。

お菓子作りには薄力粉が最適。目の細かいざる(こし器)でふるってから。

バター

・無塩(食塩不使用)バターと有塩(加塩)バター

お菓子作りには基本的に無塩バターを使います。塩分を加えたくないレシピはもちろん、塩分を加えるレシピの場合でも、こちらで塩を加えることができるので、好みの塩分に調節しやすいからです。

ただ、「塩をひとつまみ加える」というレシピでは、塩を省略して有塩バターで代用できます。塩が入らないレシピでも、無塩バターではなく有塩バターで代用することはできますし、そのでき映えに大きな変化はありません。ただ、極少量の塩分が加わってしまうので、味が少し変わります。

常温において練ったり、湯煎や電子レンジで溶かして使う。

ブルーベリー
クランブルチーズケーキ

Blueberry Crumble Cheese Cake

濃厚でなめらかなクリームチーズの中に、生のブルーベリーを入れて焼き上げ、
上にクランブルをのせたサクサク食感のアクセントが楽しいチーズケーキです。
チーズを使ったケーキは元々フランスにもありましたが、
アメリカからやってきたよりクリーミーで濃厚なチーズケーキは
パリジェンヌの心をわしづかみにし、数年前から大ブーム。
有名パティスリーでもさまざまなフルーツ、多様なフレーバーでしのぎを削っています。
パリジェンヌには特にベリー系が人気です。

準備
- 型にクッキングシートを敷き込む。
- オーブンを180℃に予熱する。

材料（直径 18cm丸型 1 台分）

<底生地>
ビスケット　70g
溶かしバター（無塩）　35g
※余ったシュクレ生地（P106）を
　使ってもよい

<クランブル>
無塩バター　40g
グラニュー糖　40g
アーモンドプードル　40g
薄力粉　40g

クリームチーズ　300g
グラニュー糖　100g
全卵　2 個（100g）
コーンスターチ　20g
生クリーム　200㎖
レモン汁　約 1/2 個分（25㎖）
バニラエッセンス　数滴
　（またはバニラエクストラクト　15㎖）
ブルーベリー　80 〜 100g

1

底生地を作る。袋にビスケットを入れ、めん棒などを使って砕く。

2

ボウルに移し、溶かしバターを加えて混ぜる。

3

型に敷き詰める。

4

冷蔵庫で冷やす。

5

クランブルを作る。ボウルに冷えたかたいバター、グラニュー糖と、アーモンドプードル、薄力粉をふるって入れ、指で混ぜる。

6

そぼろ状になるように指でつぶして冷蔵庫で冷やしておく。

7

クリームチーズを600Wの電子レンジで1分加熱して温め、ダマが残らないようゴムベラで練る。

8

グラニュー糖を加え、ホイッパーでなめらかになるまで混ぜる。

9

卵を加える。

Point

卵は材料のボウルに直接割り入れるのではなく、一度別容器に割って殻の混入や、傷んでいないか確認をしてから加えること。直接割り入れると殻が落ちても気づきにくく、また、万が一卵が傷んでいた場合は材料が無駄になります。

14

最後にレモン汁を加えて混ぜる。レモン汁を加えると生地に濃度がつき、もったりとする。

10

ホイッパーでよく混ぜる。

15

生地を型に流し入れる。

Point

レモン汁はケーキの甘さと酸味のバランスを取るために加えます。少しの酸味が加わることで複雑さが増し、食べ飽きない味になります。

11

コーンスターチを加えて混ぜる。

12

生クリームを加えて混ぜる。

16

ブルーベリーを散らす。

Point

少し指で押して、生地の中に埋めるようにします。

13

バニラエッセンスかバニラエクストラクトを加えて混ぜる。

17

上から6のクランブ
ルを散らす。

18

180℃に予熱したオ
ーブンで、45分焼
く。

19

常温において粗熱を
取り、冷蔵庫で一晩
しっかり冷やす。

でき上がり。

材料について 2

バニラ

・バニラエッセンス、バニラエクストラクト、バニラビーンズ

バニラエッセンスはバニラの香り成分をアルコールに抽出したものですが、人工香料が使われることがほとんど。日本でいちばん普及しているバニラ香料です。濃縮度が高いので、2～3滴でバニラの香りが充分につきます。
バニラエクストラクトはバニラをアルコールに漬けて香りを出したものです。人工香料を使用せず、バニラのさやを直接アルコールに漬けて香りを抽出します。バニラエッセンスよりも濃縮度は低いので、使う量はバニラエッセンスより多く、計量スプーンなどで量って使います。欧米ではバニラエッセンスよりもバニラエクストラクトが主流です。
バニラビーンズは黒くて長い棒状のバニラのさやにつまっている小さな種のこと。さやごと乾燥させた、スパイスの一種です。さやを切り開き、種をこそげ取って材料に加えて使います。バニラの香りは種よりもさやに多く含まれているので、牛乳などに入れるときはさやごと入れて、香りを移します。

バニラビーンズはさやを開き、包丁で種をこそげ取る。

チョコレート

・プレーンチョコレートと板チョコ

製菓に使うチョコレートはプレーンチョコレートが一般的です。プレーンチョコレートは他にダークチョコやビターチョコ、ブラックチョコ、スイートチョコなどの名前があります。これらのチョコレートはカカオ豆由来のカカオマスやカカオバターで作られていて、他の植物油脂などを含みませんし、乳製品も加えていません。カカオ分が35％以上で、カカオバターが31％以上含まれるとクーベルチュールと呼ばれることもあります。

お菓子を作る際、プレーンチョコレートを板チョコで代用することはあまりおすすめしません。日本で一般的に普及している板チョコは植物油脂を含むものが多く、溶かして他の材料と混ぜると分離してしまったり、かたまらなかったりすることもあるからです。
またプレーンチョコレートをミルクチョコで代用することもおすすめしません。ミルクチョコはカカオの味が薄いので、他の材料と混ぜてお菓子を作るとチョコレートの味が薄いお菓子になってしまいます。
レシピに「ミルクチョコ」とあるならばミルクチョコを使いますが、「プレーンチョコレート」とあるならばプレーンチョコレートを使うようにしてください。

一般的な板チョコはお菓子作りに向かないが、板の形をした製菓用のプレーンチョコレートなら問題ない。

オレンジのムース

Mousse à l'orange

オレンジ果汁に泡立てた生クリームを加えて作る、軽い口溶けのさわやかなムース。
果汁を煮詰めることでオレンジの風味と味をより凝縮させ、香り高く仕上げました。
スポンジ生地やオレンジの果肉とともにグラスに盛りつければ、
涼しげでおしゃれなデザートになります。
ムースとはフランス語で泡のこと。
メレンゲやホイップクリームで気泡を加えたお菓子や料理のこともムースと呼びます。

材料（グラス3個分）
オレンジジュース（果汁100％）　250㎖
生クリーム　200㎖
グラニュー糖　10g
粉（または板）ゼラチン　3g
オレンジ　1〜2個
スポンジ生地　適量

1 オレンジジュースを鍋に入れて火にかけ、半量弱（100㎖）まで煮詰める。

2 ゼラチンは水でふやかしておく。

Point

- 粉ゼラチンの場合はゼラチンの重さの5倍の水を加えます。3gの場合は15gの水（＝15㎖＝大さじ1）になります。
- 板ゼラチンの場合はたっぷりの冷水に浸し、やわらかくなってから、絞ってよく水気を切って使います。

3 煮詰めたオレンジジュースを火からおろして50〜60℃にさまし、ゼラチンを加えて常温までさます。

4 ボウルに生クリームとグラニュー糖を入れ、ハンドミキサーで八分立てに泡立てる。

5 1/3量の生クリームを3のオレンジジュースに加えて混ぜる。

6 混ざりにくいので、ホイッパーを使ってよく混ぜる。

7 4の生クリームのボウルに6を加えて混ぜる。

8 オレンジの皮をむく。

9 果肉を切り取る。

11 グラスの底にスポンジ生地を敷く。

10 食べやすい大きさに切る。

12 7のムースを入れ、オレンジをのせる。

でき上がり。
※ミントやオレンジの皮（なるべく防腐剤無添加のもの）などを飾ってもいいでしょう。

ゼラチンの凝固について

ゼラチンは沸騰状態が続くと凝固作用が弱まるので、溶かすときは沸騰させないこと。溶かすのに最適な温度は50〜60℃です。冷やしてかたまったゼラチンは、25℃くらいからやわらかくなり、溶け始めます。

また、キウィやパイナップルなどタンパク質分解酵素が含まれているフルーツを使うときは注意が必要です。動物性タンパク質からなるゼラチンは、この酵素の作用でかたまらなくなります。ただし、この酵素は熱に弱いため、フルーツを一度加熱するなどしてからゼラチンを加えると、かためることができます。

カスタードプリン

Crème au caramel

〝クレームアングレーズ〟と呼ばれるカスタードソースの味は、
フランス人にとっては子どものころから慣れ親しんだ定番おやつの味。
キャラメルの入った今回のプリンのレシピは、クレーム オ キャラメルと呼ばれていますが、
その他にもキャラメルなしのフラン、表面に砂糖をふりかけ焦がしたクレームブリュレなど、
ほぼ同じ材料でわずかに製法の違うお菓子がたくさん存在します。
一般的な日本のプリンのレシピよりも卵が多めに使われているため、
フランスのプリンはどっしりとかためで、食べごたえがあるのが特徴です。

材料（直径 18cm丸型 1 台分）
牛乳　500㎖
バニラビーンズ　1/2 本
　（またはバニラエッセンス　数滴）
グラニュー糖　70g
全卵　3 個（150g）
卵黄　4 個（80g）

＜キャラメル＞
グラニュー糖　70g
水　大さじ 1（15㎖）

準備
・オーブンを 150℃に予熱する。

1

鍋にグラニュー糖と水を入れ、中火にかける。

2

茶色くなるまで加熱する。

3

鍋を傾けて、均一にキャラメル化されるようにする。全体が茶色になったら火を止めて鍋の余熱でキャラメル化が進むのを待つ。

Point

プリンのキャラメルは甘いだけではなく、適度な苦みもあってこそおいしいものです。薄く色づいただけのキャラメルは甘いだけなので、もう少しキャラメル化させて苦みを出しましょう。

4

熱いキャラメルをすぐに型に流し入れる。

5

底一面に広げる。

Point

キャラメルは大変高温なので気をつけて！

アパレイユ（卵液）の作り方

1

バニラビーンズを切り開き、種をこそげ取る。

2

鍋に牛乳を入れ、バニラビーンズの種、さやを加えて火にかける。バニラの香り成分はさやに多く含まれているので、さやも忘れずに加える。

3

牛乳を50℃ほどまで温め、バニラの香りが牛乳につくように、ふたをして5分おく。

4

ボウルに全卵、卵黄を入れてグラニュー糖を加え、ホイッパーで混ぜ合わせる。

Point

バニラの香りをさやからより引き出すために、バニラのさやをアパレイユに浸しながらゴムベラで絞るようにしてください。

▶ **アパレイユ**
液体状の生地のこと。

8

浮いている泡をすくい取る。

5

3の牛乳を加える。

プリンの作り方

6

5の卵液をこし器でこす。

1

バットにペーパータオルを敷く。同時に湯煎に使う沸騰した湯を用意しておく。

7

バニラのさやを絞り出しながらこす。

2

キャラメルを入れた型を1のバットに置き、前工程8の卵液を流し入れる。

泡が浮いていたら
ロングタイプのラ
イターやガスバー
ナーで火をつけ、
泡に近づけると、
簡単に消すことが
できます。

5

型の側面に沿ってナ
イフを入れ、皿を上
にのせて型ごとひっ
くり返し、型をはず
す。

3

バットの高さ3cmぐ
らいまで熱湯を注ぐ。

皿はあらかじめ濡ら
しておきます。こう
するとプリンを皿に
ひっくり返したと
き、中心部からずれ
ていても、プリンを
簡単にずらすことが
できます。

湯煎に使うお湯は熱湯が基本です。お湯
の温度が低いと焼き時間も変わってくる
ので注意！

4

150℃に予熱したオ
ーブンで35分焼く。
プリンがしっかりか
たまったことを確認
して、オーブンから
取り出してさます。

でき上がり。

粗熱が取れたら冷蔵庫に入れて、一晩ほ
どしっかりと冷やします。

2"

焼き菓子

混ぜて焼くだけなので、初めての人向き。
プレゼントにしても喜ばれそうです。

マドレーヌ

Madeleines

フランス北東部、ロレーヌ地方発祥のお菓子・マドレーヌ。
パウンドケーキと同じで、バター、小麦粉、卵、砂糖の４つの材料を
同分量混ぜて作る生地が基本です。
マドレーヌはほたての貝殻型で焼くのが一般的で、
真ん中に「へそ」と呼ばれるぷっくりとした膨らみがあるのが特徴。
マドレーヌ型がなければアルミカップでも代用できます。
高温のオーブンで焼くことによって生地の外側が先に焼きかたまり、
続いて厚みのある中心部がベーキングパウダーの反応によって盛り上がっていく、
その過程を観察するのも楽しみの一つです。

材料（7 × 4.5cmマドレーヌ型 18個分）
溶かしバター（無塩） 100g
グラニュー糖 70g
はちみつ 20g
全卵 ２個（100g）
レモンの皮 １個分
薄力粉 100g
ベーキングパウダー 小さじ 3/4（3g）
ラム酒（ダークラム） 大さじ１（15㎖）

※レモンの皮を使うときは、防腐剤無添加、
または無農薬レモンを使うようにしてくだ
さい。

準備
・ ステンレスやアルミ型の場合はバターを塗
　り、強力粉（なければ薄力粉）をふって余分
　な粉を落とす。フッ素樹脂加工やシリコン型
　の場合はバターのみを塗る。
・ オーブンを 190℃に予熱する。

 作り方

1

ボウルに卵、グラニュー糖、はちみつを入れてホイッパーでよく混ぜる。

2

レモンの皮を削り、加える。

3

薄力粉、ベーキングパウダーをふるって加え、混ぜ合わせる。

4

溶かしバターを加えて混ぜる。

5

ラム酒を加えて、混ぜる。

6

ラップをして冷蔵庫に入れ、一晩おく。

Point

よく冷えた生地を高温のオーブンで焼くことで、マドレーヌ特有のへそができ上がります。

7

丸い口金をつけた絞り袋に生地を入れ、型に絞り出す。

Point

型の8〜9割を目安に生地を入れます。

8

190℃に予熱したオーブンで15分焼く。

Point

ラップをして1日おくと、しっとりとしておいしくなる。

9

焼き上がったら型からはずして常温までさます。

でき上がり。

◆ マドレーヌ型がない場合

マドレーヌ型がない場合はアルミカップで代用してもよい。生地をカップの
8〜9割を目安に入れ、190℃に予熱したオーブンで15分焼き、さます。

42

ガトークラシック オ ショコラ

Gâteau classique au chocolat

ガトーショコラとはチョコレートケーキ全般を指しますが、今回のレシピ・クラシックは
多めのココアパウダーを配合し、メレンゲの気泡でケーキを膨らませているのが特徴です。
チョコレートなしでは生きていけないほどの「ショコラ大国」フランスでは、
腕利きのパティシエたちがさまざまなレシピのガトーショコラを日々生み出しています。
チョコレートとバターの比率が高いどっしりとした食感のガトーショコラも、
フランスではポピュラーです。
フランボワーズなど酸味のあるフルーツや、ホイップクリームとの相性は抜群。
ケーキに添えれば見た目にも美しく仕上がります。

材料（直径 18cm 丸型 1 台分）
プレーンチョコレート
　（カカオ成分 50 〜 60％） 100g
無塩バター　60g
全卵　4 個（200g）
グラニュー糖　120g
生クリーム　80mℓ
薄力粉　30g
無糖ココアパウダー　50g

＜飾り用＞
粉糖、ホイップクリーム　各適量

準備
・卵を常温に戻す。
・型にクッキングシートを敷き込む。
・オーブンを 160℃に予熱する。

1

生クリーム、チョコ
レート、バターをボ
ウルに入れ湯煎にか
けて溶かす。

Point

湯の温度は50〜60℃。ときどきゴムベラで混
ぜながら、チョコレートとバターが完全に溶
ければOKです。お湯が入らないように注意。

※4までそのまま湯煎をして温めておきます。

Point

メレンゲが冷たいとチョコレートがかた
まってしまいますから、卵白は常温のま
まメレンゲにします。

2

卵を卵黄と卵白に分
け、卵黄にグラニュ
ー糖の1/3量を加え
て混ぜ合わせる。

4

1に2を加える。

3

卵白と残りのグラニ
ュー糖で八分立ての
メレンゲを作る。

5

よく混ぜ合わせる。

6

薄力粉、ココアパウ
ダーをふるって加え
る。

7

混ぜ合わせる。粉が見えなくなればOK。必要以上に混ぜないこと。

8

3のメレンゲの1/3量を加えて、ゴムベラでよく混ぜる。

9

残りのメレンゲを加えてゴムベラで30回混ぜる。

10

型に流し入れ、ゴムベラで表面を軽くならす。

11

160℃に予熱したオーブンで60分、中までじっくり火が通るように焼く。

12

焼き上がったら型を台に打ちつけて焼き縮みを少なくし、型のままさます。

Point

焼き上がったばかりのガトーショコラはやわらかく、崩れやすいので型のままさまします。

Point

チョコレートやバターの油脂分でメレンゲがつぶれていきますから、時間をかけずに作業をすることが大切です（P15の「混ぜ方の基本」参照）。

でき上がり。
※食べる直前に粉糖をかけたり、ホイップクリームを添えて召し上がってください。

▼ 一般的なガトーショコラの作り方

ガトークラシック オ ショコラはチョコが濃厚なケーキというより
も、スポンジケーキ感の強い懐かしいチョコレートケーキです。
一般的なガトーショコラの材料と作り方は下記の通り。

材料（18cm丸型1台分）
プレーンチョコレート（カカオ成分50〜60％）　150g
無塩バター　150g
全卵　3個（150g）
グラニュー糖　100g
薄力粉　50g
無糖ココアパウダー　10g
ベーキングパウダー　小さじ1（4g）

作り方
卵にグラニュー糖を混ぜ、湯煎して溶かしたチョコレートとバター
を加え、粉類をふるって加えてホイッパーで混ぜ、型に入れる。
170℃に予熱したオーブンで35〜40分焼けばでき上がり。
※仕上げに好みで粉糖をふっても。

パウンドケーキの4つの作り方

1 オールインワン法

すべての材料を一緒にボウルに入れて、均一になるまで混ぜて作ります。分離の心配もなく、失敗もしにくいおすすめの方法です。

作り方の特徴としては、気泡が含まれないので必ずベーキングパウダーを加えることと、砂糖の粒が大きいと焼成後のケーキの表面に白い斑点となって現れるので、粉糖が使われることが多いことです。

この本では、卵に砂糖を混ぜて溶かすことでグラニュー糖でも上白糖でもどんな砂糖でも使えるように、オールインワン法をアレンジしたレシピを紹介しています。

すべての材料を均一になるまで混ぜる。

2 シュガーバッター・全卵すり込み法

正統派で、もっとも一般的な作り方です。

ポマード状にしたバターに砂糖を混ぜ込み、ほぐした全卵を少しずつ加えながら混ぜて乳化させ、最後に粉類を加えます。

難点は時間がかかることと、バターに全卵を加えるときに非常に分離しやすいこと。この方法は難しく、私はあまりおすすめしません。

うまく膨らませるために結局ベーキングパウダーを加えるようなら、最初からオールインワン法を選んだほうが得策でしょうし、加えないなら、かなり目の詰まった重めのパウンドケーキになるでしょう。

バターと全卵が分離しても粉を加えて生地をつなぎ合わせ、ベーキングパウダーを加えて生地を持ち上げれば、オールインワン法と同じような仕上がりになります。

ほぐした全卵を少しずつ加えて乳化させる。

3 シュガーバッター・卵白別立て法

ポマード状のバターに砂糖の半量を混ぜて、卵黄を混ぜます。卵白と残りの砂糖でメレンゲを作り、粉と交互に混ぜる方法です。

分離の心配がなく、ベーキングパウダーも必要としません。気泡が多いので軽い仕上がりになります。

バター、砂糖、卵黄にメレンゲと粉を交互に混ぜる。

4 フラワーバッター法

ポマード状のバターに粉を加え、別ボウルで全卵と砂糖を混ぜて軽く泡立て、バターに加えながら混ぜます。

この方法は分離の心配がないのがいいところです。ベーキングパウダーはいりません。気泡が多いと膨らみすぎて、スポンジ生地のような軽い食感のケーキになります。

どこまで泡立てるかにもよりますが、シュガーバッター・卵白別立て法と同じように、よく膨らみます。

全卵と砂糖を軽く泡立ててバターに加える。

ウィークエンドシトロン

Cake au citron

フランス人が週末によく作るお菓子と言われているのがウィークエンドシトロン。

ケーク オ シトロンとも呼びます。

フランス語でシトロンとはレモンのこと。その皮で風味をつけ、

果汁と粉糖で作るグラス ア ロー（アイシング）を塗って仕上げました。

レモンの香りに酸味と甘みのコントラスト……。フランス人が大好きなお菓子です。

日本でも最近レモンスイーツがブームとか。

アイシングとトッピングで飾れば、おしゃれなプレゼントとしても喜ばれそうです。

準備
- 薄力粉とベーキングパウダーを計量し、1つのボウルにまとめておく。計量スプーンで計量するときはすり切りにして材料を量る。
- 型にクッキングシートを敷き込む。
- オーブンを170℃に予熱する。

材料（18 × 8cm パウンド型 1 台分）
無塩バター　100g
レモンの皮　1/2 個分
レモン　1/2 個
はちみつ　大さじ 1 ½（30g）
全卵　2 個（100g）
グラニュー糖　70g
ベーキングパウダー　小さじ 1/2（2g）
薄力粉　120g

＜飾り用＞
粉糖　50g
レモン汁　小さじ 2（10㎖）
ピスタチオ　少々

※レモンの皮を使うときは、防腐剤無添加、または無農薬レモンを使うようにしてください。

1

レモンの皮を削る。

3

卵とグラニュー糖を
混ぜ合わせる。

Point

泡立てる必要はありませんが、ここでは
しっかりと砂糖を溶かしておきましょ
う。しっかりと溶かさずに焼いた場合、
ケーキの表面に砂糖が白い斑点となって
現れてきます。

Point

皮を削ると白い部分が出てきますが、香
り成分はあまりなく苦みが強い部分です
から、削らないように注意しましょう。

4

バターを600Wの電
子レンジに20秒ほ
どかけ、ややわら
かめのポマード状に
する。

2

レモンの果汁を搾
る。スプーンを差し
込んで動かしながら
搾る。搾り器（スク
イーザー）で搾って
もよい。

5

4にはちみつを加え
て混ぜる。

Point

はちみつは計量スプーンで計量しますが、
スプーンに大量のはちみつがくっついて
しまいます。そこで、僕はデジタルスケ
ールの上にボウルを置いて0gに設定し、
瓶から直接入れて計量しています。

6

5にレモンの皮、果汁、3の卵液を加える。

Point

またはゴムベラでざっくり混ぜてもよいでしょう。

10

生地の1/4量ほどを型に入れ、四隅まできちんと行き渡らせる。

7

薄力粉とベーキングパウダーをふるってボウルに加える。

11

残りの生地を入れ、平らにならす。

8

ホイッパーで粉が見えなくなるくらいにざっくり混ぜる。

12

170℃に予熱したオーブンで20分焼いたら取り出し、水で濡らした包丁で真ん中に切れ目を入れる。こうすることでパウンドケーキらしい割れ目ができる。

9

粉が見えなくなればOK。

13

オーブンでさらに40分焼き、取り出して型を台に打ちつけ、熱いうちに型からはずしてさます。

16

ケーキの上からアイシングをかける。

Point

敷いたクッキングシートはそのままにしておきます。焼いた当日は焼き色のついた部分がかためです。さめたらケーキにぴったりとラップをし、時間をおくとしっとりとしてきます。次の工程は翌日以降にしてもよいでしょう。

Point

かためのアイシングをかけていますが、少量の水やレモン汁を加えてのばし、ケーキ全体に塗ってもOKです。

▶ **アイシング**
フランス語でグラス ア ロー。粉糖を湯で溶いた流動状のもの。

14

ケーキの膨張した部分を切り落とす。お好みで切り落とさずにそのままでもよい。

15

粉糖とレモン汁を混ぜ合わせてアイシングを作る。

17

ピスタチオをみじん切りにして、ケーキの上に飾る。

でき上がり。

メレンゲの立て方

フレンチメレンゲ

メレンゲには3種類の作り方があります。卵白に砂糖を加えながら泡立てる「フレンチメレンゲ」、卵白に120℃に熱したシロップを加えながら泡立てて作る「イタリアンメレンゲ」、卵白と砂糖を混ぜて湯煎にかけ50℃ほどまで温めてから泡立てる「スイスメレンゲ」です。

この本ではフレンチメレンゲを使いますのでその作り方を説明します。
まず卵白の温度と加える砂糖の量でメレンゲの質は変化することを理解してください。
卵白は冷えると泡立ちにくくなります。泡立ちにくいのでホイップする回数も多くなり、細かい泡が作れます。
卵白が常温だと冷えている卵白よりも泡立ちやすいです。泡立ちやすいと大きい気泡ができやすくなるのが特徴です。
卵白に砂糖を加えると泡立ちにくくなりますが、きめの細かい泡ができるようになり、安定性のあるメレンゲが作れるようになります。
卵白に砂糖を加えないでメレンゲを作ると泡立ちやすいのですが、安定性にかけるのでパサパサとした離水しやすいメレンゲになります。

これらの特徴をふまえ、フレンチメレンゲを作るときは最初から砂糖を加えずに泡立て、泡立ってきたところで少しずつ砂糖を加えます。これは時間短縮のためです。そして砂糖の効果によって泡が細かくなり、安定性のあるメレンゲができます。
メレンゲに加える砂糖が充分であれば、特別に卵白を冷やさなくてもきめの細かいメレンゲが作れますから、冷やすか常温かの判断は、メレンゲを加える先の生地の温度とメレンゲの温度を合わせることを優先して決めます。

また、メレンゲを作るときはきれいなボウルを使うようにしてください。少しでも油分があると泡立たなくなりますから、ボウルを洗い直してからメレンゲを作ることがポイントです。プラスチックのボウルは洗っても油分を完全に落としきれないことがあるので、ステンレスかガラスのボウルで作ることをおすすめします。

フレンチメレンゲの作り方

 →  →

1 ボウルに卵白を入れて、ハンドミキサーで泡立てる。

2 最初から砂糖は加えず、少し泡立ったら砂糖を1/3量ずつ加えていく。

3 泡立てながら砂糖を1/3量ずつ加えてはホイップし、角の立つメレンゲになるまで泡立てる。

バナナキャラメル
パウンドケーキ

Cake à la banane et au caramel

お菓子の基本であるパウンドケーキのレシピを紹介しようと思ったときに、
何かもう少し特徴のある、見た目にも美しいものにならないかと考えて
思いついたのがこのレシピです。
僕自身大好物のラム酒とバナナとキャラメルの組み合わせを、
生地の中にマーブル状に組み込んでみました。
キャラメルの醸し出す苦みと、ラム酒の香りが甘党ではない方にも好評。
パウンドケーキに合う飲み物は紅茶と思いがちですが、この大人な風味がコーヒーとの相性も高めます。

材料（18 × 8cmパウンド型 1 台分）
無塩バター　100g
全卵　2 個（100g）
グラニュー糖　70g
ベーキングパウダー　小さじ 1/2（2g）
薄力粉　130g
⌈ グラニュー糖　50g
⌊ 水　大さじ 1（15㎖）
生クリーム　40㎖
バナナ　1 本（可食部 100 ～ 120g）
ラム酒（ダークラム）　大さじ 1（15㎖）

準備
・型にクッキングシートを敷き込む。
・オーブンを 170℃に予熱する。
・薄力粉とベーキングパウダーは 1 つのボウ
　ルにまとめて計量しておく。計量スプーン
　で計量するときはすり切りにして材料を量る。

作り方

1

卵とグラニュー糖を
混ぜ合わせる。

Point

泡立てる必要はありませんが、ここでは
しっかりと砂糖を溶かしておきましょう。

4

薄力粉とベーキング
パウダーをふるって
ボウルに加え、混ぜ
る。

Point

ここでもホイッパーで混ぜてしまってか
まいませんが、粉が見えなくなるくらい
で充分です。

2

バターを600Wの電
子レンジに20秒か
けてややわらかめ
のポマード状にす
る。

5

バナナを縦四つ割り
にして、1㎝幅に切
る。

3

2に1の卵液を加える。

6

4にバナナ、ラム酒
を加える。

Point

ラム酒は加えなくても作れますが、香り
よく仕上がるのでぜひ使ってください。
焼いているうちにアルコールが完全に飛
んで香りだけが残りますから、アルコー
ルが苦手な方でも大丈夫です。

7

ざっくりと混ぜ合わせる。

8

鍋にグラニュー糖、水を入れ、火にかけてキャラメルを作る。火は弱火〜中火で。

9

軽く色づいてきたら鍋を傾け、全体を混ぜ合わせる。

10

いい焦げ色になったら火を止める。

11

生クリームを加える。

12

ざっと混ぜ合わせる。

13

すぐにボウルに移し、かき混ぜて少し温度を下げてから、7の生地の1/4量を加えて混ぜる。

14

型に7の残りの生地と13を入れる。

Point

焼き上がったときにマーブル状になるように生地を加えます。

15

表面をならす。

16

170℃に予熱したオーブンで20分焼いたら取り出し、水で濡らした包丁で真ん中に切れ目を入れる。

18

さめたらケーキにぴったりとラップをし、しばらくおく。

17

オーブンでさらに40分焼き、取り出しく型を台に打ちつけ、熱いうちに型からはずしてさます。

Point

ラップで包んで乾燥を防ぎ、そのまま時間をおくことでしっとりとしてきます。

Point

敷いたクッキングシートはそのままにしておきます。焼いた当日はケーキ表面がかためです。

でき上がり。

◆ ケーキのさまし方

パウンドケーキやスポンジケーキなどは焼き上がったらすぐに型から出してさまします。型に入れたままだと蒸気がこもって食感が悪くなります。反対にチーズケーキやガトーショコラなどやわらかく、崩れやすいものは型に入れた状態でさまし、かたまってから取り出しましょう。パイやタルトも型のままさまします。

3 ♩♩♩

メレンゲ菓子

ふわっとした口当たりが人気のお菓子です。
メレンゲを上手に立てるワザを覚えましょう。

クレームダンジュ

Crémet d'Anjou

アンジュ地方発祥のデザートで、クレメダンジュとも呼ばれます。
本来はフロマージュブランというヨーグルトのようなフレッシュチーズに、
生クリームとメレンゲを加え、ガーゼに包んで水切りをして作ります。
クリーミーで軽い口当たり。
甘酸っぱいフランボワーズのソースを添えて、
色も味も華やかにしていただくのがおすすめです。

材料（4〜5人分）
プレーンヨーグルト
　　500g（水切り後約250g）
生クリーム　100㎖
卵白　2個分（60g）
グラニュー糖　25g

＜ソース＞
冷凍ラズベリー　100g
グラニュー糖　20g
水　小さじ2（10㎖）

準備
・ ざるの上にガーゼを敷き、プレーン
　ヨーグルトを一晩水切りする。

1

生クリームをかためにホイップする。

2

メレンゲを作るため、ボウルに卵白を入れ、冷凍庫に入れる。ボウルごと凍るぐらいに冷やす。

3

2に少しずつグラニュー糖を加えながら、ホイッパーで泡立て、メレンゲを作る。

Point

角が立つぐらいかために泡立てます。

4

水切りヨーグルトに1の生クリームを混ぜる。

5

なめらかになるまで混ぜる。

6

5に3のメレンゲを加えて混ぜる。

7

ざるにガーゼを敷き、6の生地を入れて、冷蔵庫で一晩水切りをする。

Point

小分けにし、ガーゼにのせて上をひもで縛り、ペーパータオルの上で水切りをしてもよいでしょう。

ソースの作り方

1

鍋に解凍したラズベリーを入れ、水、グラニュー糖を加えてフォークでつぶす。

2

火にかけ、沸騰させる。

3

こし器で種を取り除く。

4

冷蔵庫で冷やしておく。

でき上がり。
※クレームダンジュを器に盛りつけ、
ソースやお好みのフルーツを添えましょう。

ラングドシャ

Langue de chat

「ラング」は舌、「シャ」は猫の意味。
このクッキーが作られたとき、細長い形をしていて
猫の舌のようだったのでこの名前がつけられました。
薄くて軽やかな歯ごたえのクッキーです。
ワンボウルで簡単に作れるので、お菓子作り初心者におすすめ。
材料に卵黄を必要としないので、卵白が余ってしまったら
まず初めに作りたいお菓子です。

材料（約16枚分）
無塩バター　50g
グラニュー糖　50g
卵白　50g
薄力粉　50g

準備
・卵白を常温に戻す。
・オーブンを180℃に予熱する。

作り方

1

ボウルにバターを入れてクリーム状にし、グラニュー糖を加えてホイッパーでよく混ぜる。

2

薄力粉をふるいながら加え、混ぜる。

Point

粉が残らないよう、よく混ぜ合わせます。

3

常温に戻した卵白を加えて、混ぜる。

4

なめらかになるまでホイッパーで混ぜ、丸い口金をつけた絞り袋に入れる。

5

天板にクッキングシートを敷き、4の生地を絞り出す。

Point

焼いているうちに生地が広がるので、間隔をあけて絞り出しましょう。形はお菓子の名前の通り猫の舌のように細長くしたり、丸、四角などお好みで。

6

台にふきんを敷き、天板ごと打ちつけて、生地を少し広げる。

 **7**

180℃に予熱したオーブンで10〜15分焼く。

 **8**

そのまま常温でさます。

Point

ラングドシャの端に焼き色がつくまで焼きましょう。

でき上がり。

ガトーシュクセ

Succès

このケーキに使われるのはパートシュクセというスポンジ生地。

別名ダコワーズ生地とも呼ばれます。

日本でよく見かけるひと口サイズのダコワーズ（ダックワーズ）は、

このガトーシュクセを元に日本人パティシエが考案し、日本中に広まった日本生まれのお菓子です。

ガトーシュクセには本来バタークリームが使われますが、

今回のレシピでは作りやすいように、

コーヒー風味のホイップクリームにアレンジしてみました。

準備
- 型を作っておく（P70 参照）。
- オーブンを 180℃に予熱する。

材料（直径 15cm 2 枚 1 組 1 個分）

＜パートシュクセ＞
卵白　5 個分（150g）
グラニュー糖　80g
薄力粉　30g
アーモンドプードル　100g
上がけ用粉糖　適量

＜コーヒークリーム＞
生クリーム　150㎖
グラニュー糖　15g
インスタントコーヒー　大さじ 2（12g）
湯　小さじ 2（10㎖）

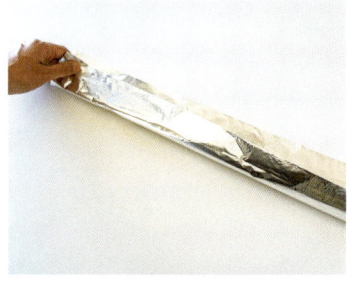

1

型を作る。
アルミホイルを折って
2cm幅の帯状にする。

4

ふるったアーモンド
プードルと薄力粉を
加える。

2

直径15cmの輪を作る。
先端をすき間に入れ
てはさみ込み、ずれ
ないようにする。

5

P15の「混ぜ方の基
本」の要領で、約25
回混ぜる。

2

メレンゲを作る。ボ
ウルに卵白を入れて
ハンドミキサーで少
し泡立て、グラニュ
ー糖を少しずつ加え
て泡立てる。

6

天板にクッキングシ
ートを敷き、上にア
ルミホイルの型を置
き、生地の1/2量を
入れる。

 Point

卵白を少し泡立ててからグラニ
ー糖を入れるのがコツです。

7

スパチュラで表面を
きれいにならす。

3

角が立つぐらいしっ
かり泡立て、九分立
てのメレンゲを作る。

Point

▶ パートシュクセ
パートはフランス語で粉が入った
生地のこと。パートシュクセはメ
レンゲ、アーモンドプードルと砂
糖を混ぜて焼き上げた生地。ダコ
ワーズ生地(パートダコワーズ)と
もいう。

コーヒークリームの作り方

8

型をはずし、同じ要
領で円盤形の生地を
もう1枚作る。

1

インスタントコーヒ
ーに湯を加えて溶か
し、さましておく。

2

ボウルに生クリーム
とグラニュー糖を入
れ、ホイッパーで泡
立てる。

9

粉糖を生地の上から
ふりかける。

3

コーヒーを加えて八
分立てにする。

10

180℃に予熱したオ
ーブンで15分焼く。

11

粗熱を取る。

 仕上げ

1

生地の1枚を裏返す。

3

残りの生地を上にのせてサンドする。

2

丸い口金をつけた絞り袋にコーヒークリームを入れて絞り出す。

Point

冷蔵庫で数時間冷やしてコーヒークリームを落ち着かせるといいでしょう。

でき上がり。

4

スポンジ

慣れてきたらあこがれのケーキ作りに挑戦。
デコレーションして誕生日のお祝いにも！

いちごのショートケーキ

Strawberry short cake

お菓子作り初心者が作ってみたいと思うケーキのひとつが
ショートケーキといってもいいでしょう。
だれもが大好きな人気のケーキですが、
スポンジ生地の混ぜ方、焼き方、生クリームの扱い方など
お菓子の作りの基礎が詰まっています。
ひとつひとつ身につけて、
おいしいショートケーキを作ってみましょう。

材料（直径18cm丸型1台分）
＜スポンジ（ジェノワーズ）生地＞
全卵　3個（150g）
グラニュー糖　100g
牛乳　25mℓ
薄力粉　100g
溶かしバター（無塩）　25g

＜シロップ＞
水　大さじ2（30mℓ）
グラニュー糖　15g
リキュール（コアントローやキルシュ）、ブランデーなど
　　小さじ2（10mℓ）

＜飾り用＞
生クリーム　400mℓ
グラニュー糖　32g
いちご　18〜20個（はさむ分も含む）

準備
・型にクッキングシートを敷き込む。
・オーブンを170℃に予熱する。

作り方

1

スポンジ（ジェノワーズ）生地を作る。ボウルに卵とグラニュー糖を入れて湯煎をし、ホイッパーで混ぜながら40℃くらいまで温める。

Point

お湯の温度は50〜60℃。卵を温めると、このあとコシが切れて泡立ちやすくなります。湯煎中に泡立てる必要はありません。

5

目安としてはホイッパーで持ち上げたときにゆっくりと流れ落ちて、流れ落ちた跡が消えないくらいまで泡立てる。

2

混ざったら湯煎からはずす。

6

温めた牛乳を加え、ゴムベラで混ぜる。

Point

薄力粉を加えると粉に水分が取られて泡がつぶれやすいので、薄力粉を入れる前に水分を多めにしておくこと。こうすると混ぜやすく、泡がつぶれにくくふわっと焼き上がります。

3

ボウルを湯煎からはずしたら、代わりに牛乳と溶かしバターを湯煎で保温しておく。

4

ハンドミキサーを高速にし、**2**を5〜6分ほど白くもったりとするまで泡立てる。

7

薄力粉をふるいながら加える。右ページ「生地の混ぜ方」の要領でゴムベラで20回ほど混ぜる。

生地の混ぜ方

1　ゴムベラをボウルの時計で1時の方向に差し込み、左手はボウルの10時方向の部分をつかむ。

2　ゴムベラがボウルにあたっている手ごたえを感じながら、円を描くように7時方向まで動かすと同時に、左手も7時に動かしボウルを回す。

3　ゴムベラを持ち上げて1の態勢に戻る。※ゴムベラについた生地は勝手に落ちていくのはかまわないが、特別落とす必要はない。※1〜3の動作を1秒に1回くらいのペースで行うのがベスト。

9

15回ほど混ぜる。

Point

左の「生地の混ぜ方」の要領で混ぜます。バターが加わると泡がよりつぶれやすくなるので、手早く作業しましょう。

▶ジェノワーズ生地
共立て法で作るスポンジ生地のこと。詳しくはP85参照。

10

型に生地を流し入れる。最後のゴムベラについた生地は泡がつぶれているので入れないこと。

11

ボウルに最後まで残っている生地を真ん中にまとめて入れると、その部分が凹みやすくなるのでなるべく周りに入れ、ゴムベラで軽く表面をならす。型を台に数回打ちつけて大きな気泡を抜く。

8

溶かしバターをゴムベラにかけながら散らすように加える。そのまま溶かしバターを流し入れるよりも、全体に分散させることができる。

12

170℃に予熱したオーブンで30分焼く。

13

焼き上がったら型を
台に強く打ちつける。

14

熱いうちにケーキク
ーラーなどにひっく
り返して型から取り
出す。

15

すぐに反対側にひっ
くり返す。クッキン
グシートをつけたま
まさます。

16

さめたらクッキング
シートをはずす。

17

シロップを作る。水
とグラニュー糖を
600Wの電子レンジ
で30秒温めてさま
し、リキュールを加
える。

18

スポンジ生地を回転
台にのせ、横半分に
スライスする。

Point

回転台がないとき
などは楊枝で目安
をつけ、平行に切
ります。

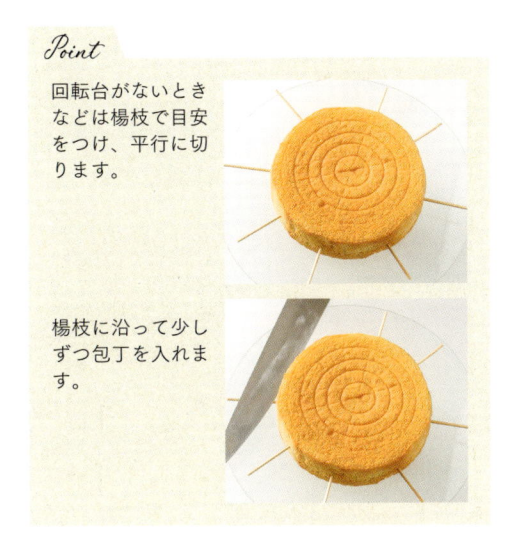

楊枝に沿って少し
ずつ包丁を入れま
す。

八分立てにする。

Point

ハンドミキサーだと手ごたえがないので立
てすぎてしまうことも。仕上げはホイッパ
ーに持ち替えたほうが立ちすぎを防げます。

19

飾り用のクリームを
作る。生クリームに
グラニュー糖を加
え、氷水に当てなが
らハンドミキサーで
泡立てる。

22

スライスしたスポン
ジ生地1枚を回転台
にのせ、刷毛でシロ
ップを1/2量塗る。

Point

スポンジ生地をのせたら台を回転させ、
真ん中に置けたか確認します。シロップを
塗ることでしっとりとし、口溶けがよくな
り、生クリームも塗りやすくなります。

20

ある程度泡立った
ら、ホイッパーで慎
重に泡立てる。

23

生クリームをパレッ
トナイフで薄く広げ
て塗る。

24

縦半分に切ったいちごを並べる。中央にはいちごを置かないほうがあとで切り分けやすい。

Point

生クリームは少しやわらかめのほうが塗り広げやすいです。きれいな平らにならすには、パレットナイフを30°の角度をつけて生クリームに当てます。

25

その上から生クリームをのせて、広げる。

28

トから側面に垂れた生クリームを、パレットナイフでならす。

26

2枚目の生地をのせ、残りのシロップを塗る。

Point

パレットナイフを垂直に保つのが難しいときは、カードやデコレーションコームを使って仕上げてもOK。

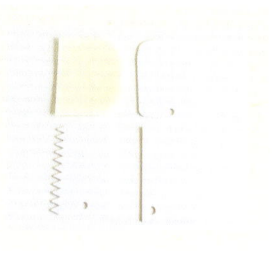

27

生地中央に多めの生クリームをのせ、台を回転させながらパレットナイフで平らにならす。

29

デコレーションコームを使って、側面に模様をつける(コームがない場合は省略)。

30

上に飛び出した生クリームを、中央に向かってパレットナイフを動かして平らにする。

31

口金をつけた絞り袋に生クリームを入れて絞り、飾る。

32

いちごを飾る。

33

ケーキの下にパレットナイフを差し込んで、ケーキを皿に移す。

Point

パレットナイフ1本だけでは安定せず大変危険！ 2本を使って移動させましょう。パレットナイフが2本ない場合は包丁などで代用します。

でき上がり。

グラッサージュ ドリップケーキ

Chocolate drip cake

フランス語でグラッサージュとはつやを出したり糖衣をかけることの意味。
スポンジにクリームを塗ってから、つやつやのグラッサージュショコラを流したのが、
オーストラリアのシドニー発とされる、最近流行のドリップケーキ。
側面にチョコレートがたらーっと垂れているのがなんともおいしそうで、
みんなの視線を集めます。色とりどりのフルーツを飾って華やかに。
誕生日やウエディングケーキとしても大人気です。

※高さがあったほうが見栄えがよいので、18cmスポンジ生地の分量を15cmの型で焼いています。温度と焼き時間は18cmのときと同じく、170℃で30分です。

※チョコレートホイップクリームの作り方はP88チョコレートケーキを参照。

材料(直径15cm丸型1台分)
＜チョコレートスポンジ生地＞
全卵　3個(150g)
グラニュー糖　90g
牛乳　25㎖
薄力粉　70g
無糖ココアパウダー　20g
溶かしバター（無塩）　25g

＜チョコレートホイップクリーム＞
プレーンチョコレート
　（カカオ成分50～55％）　100g
生クリーム　300㎖

＜グラッサージュ＞
無糖ココアパウダー　20g
生クリーム　50㎖
水　35㎖
グラニュー糖　30g
粉ゼラチン　2g（水10㎖で戻しておく）

＜飾り用＞
お好みのフルーツ　適量

1

P76のいちごのショートケーキのスポンジ生地の作り方を参照に、チョコレートスポンジ生地を作る。※ココアパウダーは薄力粉と一緒にふるって加える。スポンジは横半分に切る。

2

生地にあらかじめ刷毛でシロップ（分量外・材料はP75、作り方はP78を参照）を塗っておくと、クリームを塗りやすくなる。その上からチョコレートホイップクリームを塗る。

3

全体を塗ったら、冷蔵庫に入れておく。

Point

塗り方はP80いちごのショートケーキ（プロセス27〜30）を参照。側面はパレットナイフを立て、台を回転させながら均一の力でチョコレートホイップクリームをならす。

1

粉ゼラチンに水を加え、戻しておく。

2

鍋に生クリーム、水、グラニュー糖と、ココアパウダーをふるって入れ、混ぜながら沸騰させる。

3

沸騰したら火からおろして50〜60℃にさまし、ゼラチンを加える。

4

ゼラチンが溶けたら茶こしでこす。

5

グラッサージュをゆっくりとかき混ぜて、温度を落とす。

Point

空気が入らないようにかき混ぜます。少しとろみがつく約30℃まで温度を落とします。熱いままケーキにかけると、チョコレートホイップクリームが溶けてしまうので注意。

🪅 仕上げ

1

スプーンでグラッサージュをチョコレートスポンジにかける。

2

スプーンで広げ、側面に垂らす。

Point

スポンジ生地の上にグラッサージュをのせ、スプーンを使って広げ、ゆっくりと側面に垂らします。

▶ **グラッサージュ**
菓子の表面に糖衣をかけること。つやを出すこと。

フルーツを飾ってでき上がり。

🔻 スポンジ生地の作り方 共立て・別立ての違い

スポンジ生地には全卵で作る共立て法の「ジェノワーズ」と、卵黄と卵白を分けて作る別立て法の「ビスキュイ」があります。

ジェノワーズは全卵の状態で泡立てるので、メレンゲよりもゆるいでき上がりになります。さらに粉を加えて混ぜ、流動性のある生地になるため、必ず型に流し入れて焼きます。気泡が細かくふんわりしっとりとしたスポンジを作ることができます。

今回のいちごのショートケーキのスポンジ生地のレシピはジェノワーズです。

ビスキュイは卵白でしっかりとしたメレンゲを作ってから、卵黄、粉と混ぜます。卵黄、粉と混ぜても生地がそれほどゆるまないので、絞り袋に入れて絞り出すこともできます。こちらはジェノワーズより気泡が粗く、しっかりとした生地に仕上がります。

シャルロットやロールケーキの生地、ブッセやフィンガービスケットなどに使われます。

🔻 失敗しない グラッサージュのコツ

①グラッサージュの温度を30℃に落とす。
②スポンジ生地の端にスプーンですくったグラッサージュをのせ、スプーンを使って広げ、少しずつゆっくりと側面へ垂らすようにする。自然に流れればOK。
③最後に上部をならして仕上げる。

チョコレートケーキ

Chocolate cake

やわらかいチョコレートスポンジと、
濃厚なチョコレートホイップクリームのベーシックな組み合わせで
だれにでも好まれるチョコレートケーキです。
スポンジにはリキュールを加えた
シロップを塗って、少し大人の味に。
チョコを削ってデコレーションにしましたが、
フルーツなどを飾っても◎。

準備
・型にクッキングシートを敷き込む。
・オーブンを170℃に予熱する。

材料（直径18cm丸型1台分）
＜チョコレートスポンジ生地＞
全卵　3個（150g）
グラニュー糖　90g
牛乳　25㎖
薄力粉　70g
無糖ココアパウダー　20g
溶かしバター（無塩）　25g

＜チョコレートホイップクリーム＞
プレーンチョコレート
　（カカオ成分50～55％）　80g
生クリーム　300㎖

＜シロップ＞
水　大さじ2（30㎖）
グラニュー糖　15g
ラム酒（ダークラム）、ブランデーなど
　小さじ2（10㎖）

＜飾り用＞
プレーンチョコレート　適量

作り方

1

＊P76のいちごのショートケーキのスポンジ生地の作り方を参照してチョコレートスポンジ生地を作る。※ココアパウダーは薄力粉と一緒にふるって加え、混ぜる。

※型に入れて170℃に予熱したオーブンで30分焼く。

※焼き上がったら、型を台に打ちつける。

※熱いうちにひっくり返して型から取り出し、反対側にひっくり返す。

2

シロップを作る。水とグラニュー糖を600Wの電子レンジで30秒温めてさまし、リキュールを加える。

3

チョコレートホイップクリームを作る。チョコレートを刻んで湯煎で溶かす。

4

生クリームを1/4量加えて、ホイッパーでよく混ぜる。

Point

ここでチョコレートと生クリームをよく混ぜてください。ゴムベラなどを使ってボウルに貼りついているチョコレートも残さず生クリームと混ぜます。混ざりにくいときはもう一度湯煎にかけて、溶かしながら混ぜてください。

5

残りの生クリームを3回くらいに分けて加え、その都度よく混ぜる。

6

ボウルを氷水で冷やしながら、さらに泡立てる。

Point

クリームが冷たくないとボソボソになります。10℃以上のときはゴムベラで混ぜて冷やし、10℃以下になってからホイッパーで立て始めます。

3

チョコレートホイップクリームを均等に塗る。

7

八分立てに泡立てる。

4

もう1枚のスポンジ生地をのせて残りのシロップを塗り、チョコレートホイップクリームを側面まで塗り広げる。

5

飾り用にチョコレートをピーラーで削る。

仕上げ

1

チョコレートスポンジ生地を横半分に切る。

6

ケーキの上にふりかける。
※いちごなどのフルーツで飾ってもいいですね。

2

切り口に刷毛を使ってシロップを1/2量しみ込ませる。

でき上がり。

ネイキッドケーキ

Naked cake

ケーキの側面にクリームを塗らずに、スポンジとクリームを
交互に重ねて作った層の様子が名前のとおりネイキッド！
見た目が斬新でおしゃれな、ニューヨーク生まれの「裸のケーキ」です。
アメリカではウエディングケーキとして、人気沸騰中。
スポンジの大きさを変えたり、もっと高く積み上げたり、
フルーツを側面に見えるように配置したり…。
デザインを工夫しながら楽しんでみてください。

材料
スポンジ生地 (P78 のスポンジ生地) 2 個
生クリーム 600㎖
グラニュー糖 48g

＜シロップ＞
水 60㎖
グラニュー糖 30g
リキュール（コアントローやキルシュ）、ブランデーなど
20㎖

＜飾り用＞
いちご 約15個（はさむ分も含む）
その他フルーツ 適量

1

2個のスポンジ生地を、それぞれ半分にスライスする。

2

シロップを作る。水とグラニュ　糖を600Wの電子レンジで1分温めてさまし、リキュールを加える。

3

ボウルに生クリーム、グラニュー糖を加えて冷やしながら泡立てる。

Point

高さのあるケーキなので生クリームがやわらかいとケーキが傾いてしまう恐れがあります。ここでは九分立てにして、角が立つ状態で使います。

4

スポンジ生地にシロップを1/4量塗り、生クリームを絞る。

5

円を描きながら、外側から内側に向かって絞る。

6

いちごを縦四つ割りに切って、散らす。

7

上にスポンジ生地を1枚のせる。

8

4〜6と同様にシロップを塗り生クリームを絞っていちごを散らす。もう1回繰り返す。

9

4枚目のスポンジ生地をのせ、同じようにシロップを塗り、生クリームを絞る。

10

パレットナイフで平
らにならす。

11

いちばん上にいちご
やその他のフルーツ
を飾る。

でき上がり。

抹茶のシフォンケーキ

Matcha chiffon cake

シフォンは英語で絹織物の意味。
水分、油分の多い生地にメレンゲを混ぜて焼くことで、
ふんわり大きく膨らみます。
さますときには生地が縮まないよう型を逆さまにすると、
絹のようになめらかで、やわらかなケーキができ上がります。
やわらかいホイップクリームを添え、ほろ苦い抹茶との相性を楽しんでください。

材料（内寸直径 17 ×高さ 8cmシフォン型 1 台分）
焼き時間 30 分
　卵黄　3 個（60g）
　グラニュー糖　20g
　水　50㎖
　サラダ油　30g
　薄力粉　50g
　コーンスターチ　10g
　抹茶　8g
　ベーキングパウダー　小さじ 1/2（2g）
　卵白　3 個分（90g）
　グラニュー糖　60g

材料
（内寸直径 20×高さ10cmシフォン型 1 台分）
焼き時間 35 分
　卵黄　4 個（80g）
　グラニュー糖　35g
　水　66㎖
　サラダ油　40g
　薄力粉　66g
　コーンスターチ　13g
　抹茶　10g
　ベーキングパウダー　小さじ 3/4（3g）
　卵白　4 個分（120g）
　グラニュー糖　70g

準備
・卵を常温に戻す。
・薄力粉、コーンスターチ、抹茶、ベーキングパ
　ウダーを同じ容器に入れホイッパーで混ぜてお
　く。
・オーブンを 170℃に予熱する。
※ 薄力粉の少量をコーンスターチに置き換えるこ
　とでソフトに仕上がります。コーンスターチを
　使わずに薄力粉だけでも作れます。

左の写真は内寸直径 17 ×高さ 10cmのシフォン型で、卵 4 個分の分量で焼いたものです。

1

ボウルに卵黄とグラニュー糖を入れ、白くなるまで混ぜる。

Point

卵黄に砂糖を加えたらすぐに混ぜてください。放置すると卵黄の水分が砂糖に奪われてかたまり、卵黄の粒が溶け残ってしまいます。卵白は常温においておきます。

2

水を加える。

3

サラダ油を加えてよく混ぜる。

4

混ぜておいた薄力粉、コンスターチ、抹茶、ベーキングパウダーをふるって加える。

5

ホイッパーで混ぜる。なめらかな生地になるくらいまでよく混ぜる。

6

メレンゲを作る。卵白に砂糖を加えながら八分立てまで泡立てる（詳しくはP53メレンゲの作り方参照）。ハンドミキサーで4〜5分を目安に泡立てる。

Point

ゆるいメレンゲだと底上げの原因になるので注意。泡立てすぎてかたすぎるメレンゲだと、生地が混ざりにくいので八分立てに。混ぜ合わせる生地の温度が常温であることから、メレンゲを作る際は常温の卵白で作ります。

7

メレンゲの1/3量を5のボウルに加え、ホイッパーで混ぜる。

8

ここでは泡が少々つぶれても平気。ホイッパーですくうように混ぜる。

9

8を6のボウルに加え、ゴムベラで30回ほど混ぜる。

10

P15の「混ぜ方の基本」を参照。生地はややかために。

11

型に生地をゴムベラやカードを使って入れる。
型には油を塗らないこと。

12

底に生地を隙間なく、空洞ができないように入れ、平らにならす。

13

170℃に予熱したオーブンで、30〜35分焼く。

14

焼き上がったらびんなどの上で逆さにして、焼き縮みを防ぐ。

Point

シフォンケーキはやわらかく、台に打ちつけたショックで凹んでしまうこともあるので特にやらなくてもいいでしょう。型を逆さにしてケーキを重力に引っ張らせることで焼き縮みを防ぐことができます。このときに型にぴったりとケーキがくっついていることが大事なので、型はアルミ製、または紙製に。型には油を塗らないことが大事です。

15

しっかりとさめたら型からケーキを取り出す。

Point

ケーキを手だけではがすこともできますし、小さなパレットナイフや包丁を差し込み、型の側面にぴったり沿って切り取ってもいいです。

でき上がり。
※包丁でケーキを切り、ホイップクリームを添えて召し上がってください。

ロールケーキ

Gâteau roulé

しっとりとしたスポンジ生地と、
クリーミーで濃厚なホイップクリームは、みんなが大好きな組み合わせ。
フランスではクリスマスに、チョコレートクリームを用いた
「ビュッシュドノエル」として食べられることが一般的です。
シンプルなレシピだけに素材のおいしさにこだわりたいもの。
高温短時間で焼き上げることにより、
ふわっとなめらかな薄い生地に仕上げることができます。

準備
・卵を常温に戻す。
・型にクッキングシートを敷き込む。
・オーブンを 200℃に予熱する。

材料
（27×27cmロールケーキ型、または
25 ～ 26×25 ～ 26cm四角型 1 台分）
薄力粉　60g
牛乳（または水）　30㎖
溶かしバター（無塩・またはサラダ油）　30g
全卵　4 個（200g）
グラニュー糖　70g

＜クリーム＞
生クリーム　150㎖
グラニュー糖　12g
ブランデー
（またはキルシュ、ラム酒・ダークラム、
グランマニエなど）　小さじ 2（10㎖）

1

卵を卵黄と卵白に分ける。

5

4のメレンゲに2を加えて、ゴムベラで混ぜる。

2

ボウルに卵黄とグラニュー糖の1/3量を加えて、ホイッパーでよく混ぜる。

6

温めた牛乳を加え、薄力粉をふるって加える。

3

メレンゲを作る。ボウルに卵白と残りのグラニュー糖を加えて、ハンドミキサーで混ぜる。

7

ゴムベラで20回混ぜ合わせる（P15「混ぜ方の基本」参照）。

Point

溶かしバターを加えたときに、冷たくてかたまってしまうことがないように、常温の卵白を使ってメレンゲにします。

8

温かい溶かしバターを加えて、さらに15回混ぜ合わせる（P15「混ぜ方の基本」参照）。

4

八分立てに泡立てる。

9

生地を型に流し入れ、カードなどで平らにならす。

13

乾燥防止のため、上にクッキングシートをのせて、さます。

14

ボウルに生クリーム、グラニュー糖、ブランデーを入れて氷水で冷やしながら、ハンドミキサーで泡立てる。

10

200℃に予熱したオーブンで12分焼く。

Point

八分立てよりも少しかためにしておくと、巻くときにはみ出しにくくなります。ブランデーは生クリームに香りをつけるために加えます。

11

オーブンから取り出し、台に打ちつけて焼き縮みを少なくする。

15

13の生地を別のクッキングシートの上にのせてひっくり返し、生地の底面のクッキングシートをはがす。

12

すぐに型を取り除いて、側面のクッキングシートをはがす。

16

さらにもう一度ひっくり返して焼き色の面を上にする。

17

生地の片側（巻き終わりの部分）の角を斜めに切り落とす。巻きやすいように傾斜をつけて切る。

18

生クリームを塗る。まずクリームの1/3量を全体に広げる。斜めに切り取った部分には塗らないこと。

19

残りのクリームを手前から5cm離した部分に、山を作るようにのせる。

20

クッキングシートを使って生地を巻き上げる。

21

締めながら巻く。

長いパレットナイフや定規などを使って締めてもよい。

22

生地の端（巻き終わりの部分）を下にして冷蔵庫で冷やす。

Point

2時間くらい冷やすと生地も戻りにくく、生クリームもしまって切りやすくなります。

でき上がり。

5

タルト

宝石のようなタルトも、人気のサブレも
コツを押さえれば成功間違いなしです。

フルーツのタルト

Tarte aux fruits

サクサクのシュクレ生地、アーモンドの香りのクレームダマンド、
なめらかで濃厚なカスタードクリーム、そして甘酸っぱいフルーツを
一度に味わえ、幸せな気分になれる極上のスイーツ。
少し手間はかかりますが、お菓子作りに慣れてきたら
ぜひ挑戦してみたいのがこのタルトです。
色とりどりの季節のフルーツを使って、楽しんでみてください。

材料（直径 18cm タルト型 1 台分）

＜シュクレ生地＞
無塩バター　60g
粉糖　35g
全卵　1/2 個（25g）
薄力粉　120g

＜カスタードクリーム＞
牛乳　200ml
卵黄　3 個（60g）
グラニュー糖　50g
コーンスターチ　15g
バニラエッセンス　数滴
　（またはバニラエクストラクト　5ml）

＜クレームダマンド＞
無塩バター　25g
粉糖　20g
全卵　1/2 個（25g）
アーモンドプードル　30g
コーンスターチ　3g

＜飾り用＞
いちご、ブルーベリー、キウィなど
　お好みのフルーツ　適量
アプリコットジャム　適量

準備
・卵を常温に戻す。
・クレームダマンドのバターを常温に戻す。
・フッ素樹脂加工されていないタルト型を使う
　場合はサラダ油を型全体に薄く塗り、強力粉
　をふりかけて、逆さにして余分な粉を落とす。
　こうすると焼き上がり後に取りはずしやすい。
・オーブンを 180℃に予熱する。

1

バターをやわらかくする。バターは薄切りにして、600Wの電子レンジで20秒加熱し、やわらかくする。20秒でもかたいようなら、さらに5〜10秒かける。

Point

溶けて液状になってしまわないように注意すること。

2

粉糖を加えてさらに混ぜる。

3

溶いた卵を少しずつボウルに加え、その都度よく混ぜる。

Point

卵が冷たすぎるとバターがかたまってしまい、分離したようになります。バターと乳化しやすいように卵は常温のものを使うこと。

4

薄力粉をふるいながら加え、生地をまとめる。

5

生地を取り出し、台（またはまな板など）に手でこすりつけるようにして、生地が混ざっているか確認する。混ざっていなければさらに手で混ぜ、均一化する。

6

生地をまとめてラップで包み、冷蔵庫でしっかりと冷やす。

7

しっかりまとまるまで3〜4時間は冷やしたら取り出す。
＊冷やす間にカスタードクリームを作る（P109参照）。

8

生地を手でやわらかくしながら、軽く練る。冷蔵庫から出したばかりの生地をそのままのばすと割れてしまうことがあるので軽く練って生地ののびをよくすること。

9

強力粉（なければ薄力粉）少々（分量外）を打ちながら、丸く成形する。

10

めん棒で生地をのばす。

Point

生地を回転させながら、均一な力で丸くなるようにのばしていきます。

12

めん棒で巻き取って、型の上にかぶせ、生地を型に貼りつける。

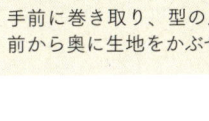*Point*

手で持ち上げようとすると生地が破れることがあります。めん棒で生地の奥から手前に巻き取り、型の上に持ち上げ、手前から奥に生地をかぶせます。

11

タルト型の大きさより、ひと回り（約3cm）ほど大きく生地をのばす。

Point

こまめに小麦粉を打ちながら、生地を回転させてのばすと生地が台にくっつきにくく、丸くのばせます。室温が高いと生地がだれてきますから手早く作業してください。生地の温度が高くなってしまったら冷蔵庫に再度入れて生地を冷やし、かたまったら改めて作業しましょう。

13

生地を型に入れ込む。生地を少したわませ、人差し指の側面で生地を底の角にぴったりと敷き込み、底全体にも生地を密着させる。

14

型の上にめん棒を転がして、はみ出した生地を切り取る。

15

側面にぴったりと生地を貼りつける。

Point

生地は人差し指で軽く押さえながら型の側面に貼りつけ、もう片方の手の親指で上にはみ出そうとする生地を押さえて整えます。

16

フォークで底に穴を開け、型ごと冷蔵庫で15分ほど冷やす。

17

オーブンを180℃に予熱する。180℃になったら生地を冷蔵庫から取り出して、アルミホイルを敷く。

※アルミホイルはくしゃくしゃにすると、生地にくっつきにくくなります。

18

重しを入れる。重し（タルトストーン）はセラミック製、アルミ製などがあるが、小豆などの豆類や米でも代用できる。

19

180℃に予熱したオーブンで10分焼く。

Point

重しをして空焼きをすることでタルトの底の生地がしっかりと焼け、生地の底が浮いてしまうこともなくなります。

20

アルミホイルと重しを取り除き、さらに10分焼く。

21

取り出してさます。

 **カスタードクリームの作り方**

1

鍋に牛乳を入れ、グラニュー糖の1/3量を加えて火にかける。

Point

牛乳を鍋で沸かすとたんぱく質が鍋底にこびりつきます。牛乳に砂糖を加えてから沸かすことで、たんぱく質が鍋底にくっつきにくくなります。

2

ボウルに卵黄、残りのグラニュー糖、コーンスターチを入れて混ぜる。

Point

卵黄に砂糖を加えたら、時間をおかずにすぐ混ぜること。砂糖は水分を吸い取るので卵黄が部分的にかたくなり、ダマになって混ざりにくくなります。

3

ホイッパーでなめらかになるまで混ぜる。

4

沸騰した牛乳をボウルに半量加えて混ぜ、鍋に戻す。

5

火は中火にして、ゴムベラで混ぜながら加熱する。

6

鍋底全体をゴムベラでこするように混ぜながら加熱する。

Point

クリームは鍋底からかたまってくるので、それをすぐにはぎ取るように混ぜます。おろそかにすると、かたまった部分が焦げてくるので注意。ホイッパーよりゴムベラのほうが鍋底全体を混ぜやすく、おすすめです。

7

クリームがかたまったら火からおろし、鍋底全体をこする。

8

ホイッパーでさらに
よく混ぜる。

Point

かたまってくるスピードに混ぜるスピー
ドが追いつかないと、焦げる原因になり
ます。いったん火からおろして鍋底全体
をこすり、ホイッパーでなめらかになる
まで混ぜましょう。

9

もう一度火にかけ、
混ぜながらクリーム
を30秒ほど沸騰さ
せる。

Point

沸騰し始めても火が入っているのはクリーム
の底の部分だけです。よく混ぜながら沸騰さ
せることでクリーム全体に火が通り、粉臭さ
がなくなります。この量であれば30秒ほど
沸騰状態を保ちながら混ぜれば充分です。全
体に火が入れば、前の工程のときのカスター
ドクリームよりもつやが出てのびがよくな
り、やわらかくなっているはずです。

10

火からおろし、バニ
ラエッセンスかバニ
ラエクストラクトを
加える。

11

よく混ぜる。

12

クリームをボウルに
移し、表面にぴった
りとラップをする。

Point

ぴったりとラップを貼りつけることで、
乾燥によってクリームの表面に膜ができ
るのを防ぎます。膜はダマの原因になる
ので注意。

13

ボウルを氷水につけ
て冷やす。

14

ある程度冷えたら冷
蔵庫でしっかりと冷
やす。

クレームダマンドの作り方

1

バターをやわらかくし、粉糖を加えてよく混ぜ合わせる。空気を含んで白くなるくらいまで混ぜる。

2

コーンスターチ、アーモンドプードルをふるって加え、混ぜる。

Point

クレームダマンドの一般的な手順では粉類の前に卵を入れますが、バターと同じ量の卵をきれいに乳化させるのはとても難しい作業です。ここでは先に粉類を加えることで、分離しにくくさせています。

▶ **クレームダマンド**
アーモンドクリームのこと。

3

常温の溶き卵を少しずつ加えながら混ぜる。

4

よく混ざり合うように、なめらかになるまで混ぜる。

仕上げ

1

生地型にクレームダマンドを流し入れて平らにならす。

2

180℃に予熱したオーブンで、20分焼く。

3

焼き上がったらケーキクーラーなどにのせてさます。さめたら型からはずす。

4

カスタードクリームをハンドミキサーでやわらかくする。

5

ゴムベラでなめらか
になるまで混ぜる。

Point

冷えたカスタードクリームはかた
くなっていますから、ハンドミキ
サーで混ぜてやわらかくしてから
使いましょう。

9

ジャムを刷毛でフル
ーツの表面に塗って
つやを出す。

Point

ジャムに濃度があり、塗りにくいような
ら少量の水を加えてのばしてから使いま
す。アプリコットジャムの代わりに別の
ジャムや、透明感のあるナパージュ（ゼ
ラチンと砂糖水で作る。市販品もめる）
を使ってもいいです。これらは乾燥防止
と、つや出しの役割があります。

6

3の生地の上にカス
タードクリームを絞
り出す。

できあがり。

7

フルーツを彩りよく
並べる。

8

アプリコットジャムを
600Wの電子レンジ
で15秒ほど温める。

タルト生地の種類

シュクレ生地（パートシュクレ）
ブリゼ生地（パートブリゼ）、折り込み生地

タルトに使われる生地は、甘みのあるシュクレ生地、甘みのないブリゼ生地（フォンセ生地）、折り込み生地（パイ生地）があります。

シュクレ生地のシュクレは甘いという意味で、もっともタルトに使われる、一般的な甘みのある生地です。この本では、このシュクレ生地を紹介しています。

ブリゼ生地のブリゼは砕けるの意味。サクサクと砕けやすい生地であるためブリゼと呼ばれます。砂糖が入らない塩味の生地で、タルトタタンやフランパティシエ、キッシュなどに使われます。

折り込み生地はフランス語でパートフイユテと呼ばれます。フイユは葉、フイユテは薄い層が幾重にも重なったという意味。小麦粉と水で生地を作り、板状にしたバターを包み、折り畳んで作られます。のばした生地を四角や丸に切り取り、その上にフルーツをのせて焼き上げてタルトにします。ブリゼ生地と同じように使われることも多いようです。

日本では層状になった折り込み生地をパイ生地と呼ぶので、パイ生地を使えばパイと言われますが、フランスではパイ生地が使われていてもタルトと呼ばれます。

パイとタルトを使い分ける英語圏では粉、塩、ラードで生地を作るものをパイと呼び、粉、砂糖、バターの生地で作ったものをタルトと呼んでいます。

シュクレ生地はバターと粉糖に溶いた常温の卵を少しずつ加えて薄力粉を加え、混ぜる。

サブレ生地（パートサブレ）

バターの比率が高く、サクサクした歯ざわりのよさが特徴のサブレ生地は、タルト生地としても使われることがあります。

サブレの名前の由来は諸説あって、サブレという都市名からとったという説、フランス語でサブレは「砂に覆われた」という意味を持つので、粉とバターを合わせて砂状にして作られるからという説、バターが多く含まれているので食べたときにさらさらと砂状に崩れるからという説などさまざまです。

生地がまとまったら、台にこすりつけて材料がすべて混ざったか確認し、生地を均一にする。この作業をフランス語でフレゼといい、サブレ生地やシュクレ生地などを作るときに行われる。

タルトショコラ

Tarte au chocolat

タルトのサクサク感とチョコレート部分のねっとり感を同時に味わえる、
食感の楽しいタルトです。生クリームと卵を混ぜ合わせた、
濃厚で優しい味わいのチョコレートアパレイユをシュクレ生地に流し込んで
焼きかため、その上にグラッサージュを流してツヤツヤに仕上げます。
最後に金箔で飾ればゴージャスなチョコレートタルトのでき上がり！

準備
・ 卵を常温に戻す。
・ オーブンを180℃に予熱する。

材料（直径18cmタルト型1台分）

＜シュクレ生地＞
無塩バター　60g
粉糖　35g
全卵　1/2個（25g）
薄力粉　120g

＜アパレイユ＞
プレーンチョコレート
　（カカオ成分50〜60％）　125g
生クリーム　250㎖
全卵　1個（50g）
卵黄　1個（20g）

＜グラッサージュ＞
無糖ココアパウダー　20g
生クリーム　50㎖
水　35㎖
グラニュー糖　30g
粉ゼラチン
　2g（水10㎖で戻しておく）

＜飾り＞
金箔またはナッツのみじん切りなど　適量

1

シュクレ生地を作る（作り方はP106参照）。重しをして180℃に予熱したオーブンで10分焼き、重しをはずして10分空焼きしておく。

2

アパレイユ用に卵を割り、全卵1個＋卵黄1個と、卵白1個分に分ける。

3

2の卵白1個分（分量外）を溶き、刷毛を使ってタルトの内側に塗って穴をふさぐ。180℃に予熱したオーブンで、2〜3分焼く。

Point

タルトショコラのアパレイユがもれ出してしまわないように、卵白で穴をふさぎます。アパレイユがもれるとタルトの底生地のサクサク感がなくなるので注意。

4

アパレイユを作る。鍋に生クリームを入れ、鍋肌に触れている生クリームが軽く沸騰するくらいの温度（70〜80℃）まで加熱する。

5

チョコレートを細かく刻んでボウルに入れ、4の生クリームを加える。1分ほどそのままにしてチョコレートを溶かす。

6

ホイッパーで泡立てないように混ぜ、チョコレートをよく溶かす。

Point

ホイッパーを寝かして勢いよく混ぜると気泡が入ります。ホイッパーを立てて混ぜると気泡が入りにくいので、この場合は立てて使います。

7

2の全卵と卵黄を加えて、ホイッパーで混ぜる。

8

泡立てないようにホイッパーを立てて混ぜる。

9

型に流し入れ、150℃に予熱したオーブンで30分焼く。

Point

型に流し入れるときに気泡ができてしまった場合は、ガスバーナーやロングタイプのライターの火を使って泡をつぶします。オーブンから取り出す前にタルト型を揺らして、かたまっているか確認すること。

10

常温におき、粗熱を取る。

11

グラッサージュを作る（作り方はP84参照）。

12

グラッサージュをこして数分放置し、浮いてきた細かい泡を取り除いて捨て、残りをタルトの上にかけて冷蔵庫でしっかりと冷やす。

13

金箔やナッツなどで飾りつける。

でき上がり。

フロランタンサブレ

Sablés florentin

フロランタンはフランス語で「フィレンツェの」という意味を持つため、
イタリアのフィレンツェからフランスに伝わった、とされています。
アーモンドに砂糖、はちみつなどを混ぜてキャラメリゼした
「ヌガー」と呼ばれるものを、サクサクのサブレ生地の上にのせて焼きます。
カリカリヌガーの香ばしさと、口にフワッと広がる甘い香りがたまらない
やみつき定番焼き菓子をどうぞ召し上がれ。

材料（20 × 20cm四角型 1 台分）
＜サブレ生地＞
薄力粉　125g
ベーキングパウダー　小さじ 1/2（2g）
粉糖　40g
無塩バター　80g
全卵　1/2 個（25g）
塩　ひとつまみ

＜フロランタン＞
グラニュー糖　70g
生クリーム　50㎖
無塩バター　50g
はちみつ　20g
アーモンドスライス*　120g

準備
・ バターを常温に戻す。

* アーモンドスラ
イスは 180℃に
予熱したオーブ
ンで 10 分焼いて
おく。

1

ボウルにやわらかくしたバターを入れ、ホイッパーでやわらかめのポマード状にし、粉糖を加えてよく混ぜる。

Point

グラニュー糖や上白糖でも作ることができますが、砂糖の粒が溶けきらずに残ってしまうことがあるので、粉糖を使います。

2

卵を少しずつ加えてその都度ホイッパーで混ぜ、塩も加えてよく混ぜる。

Point

塩ひとつまみは人差し指、中指、親指の指先でつまむくらいの量です。

3

薄力粉、ベーキングパウダーをふるって加え、カードやゴムベラなどで生地をまとめる。

4

生地を取り出し、台（またはまな板など）に手でこすりつけるようにして、生地が混ざっているか確認する。混ざっていなければさらに手で混ぜ、均一化する。

5

生地をまとめて平らにし、ラップで包んで冷蔵庫に入れ、2〜3時間冷やす。

6

冷えた生地を軽く練って、のばしやすいかたさに調節する。

7

めん棒で1辺20cmになるぐらいに四角くのばす。

8

生地を型に入れ、クッキングシートを敷いた天板に置く。

フロランタンの作り方

9

四隅を型に合わせて指でのばしながら敷き込む。

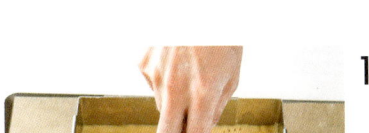

10

フォークで穴を開け、180℃に予熱したオーブンで15分空焼きする。

11

取り出して常温でさましておく。

1

鍋にアーモンドスライス以外の材料を入れて中火にかける。

2

沸騰させる。

3

火からおろしてアーモンドスライスを加え、混ぜ合わせる。

Point

少しさめると液体の濃度が濃くなり、流れにくくなります。

4

かたまってきたら前工程11のサブレ生地の上にのせる。

5

平らになるようにゴムベラでまんべんなく広げる。

7

熱いうちに食べやすい大きさに切り分ける。

6

180℃に予熱したオーブンで25分焼く。

Point

初めは半分に切り、さらに小さく切り分けます。冷えるとかたくなって切りにくくなるので、熱いうちに切るのがコツ。

でき上がり。

Q & A

読者の方々から多く寄せられた質問に、
えもじょわがアドバイス。
今後のお菓子作りの参考にしてください。

愛用のオーブンはスウェーデンのエレクトロラックス製のもの。

オーブンに関する質問

Q オーブンで焼くときに予熱は必要ですか?

A 必要です。基本的に予熱なしで焼くことはないと考えておいて間違いありません。例えば180℃で焼くというレシピの場合、特別な指示がない限りオーブン庫内が180℃になってから焼き始めます。それぞれのオーブンが設定温度に達するまでには個体差があるためです。

Q レシピと同じ温度と時間で焼いたのに、うまく焼けなかったのはなぜ?

A レシピと同じ温度と時間でも、各オーブンによって焼き色のつき方や焼き上がりが変わってきます。それぞれのオーブンのクセに合った温度を各自見つける必要があります。温度と時間は目安として考えてください。
焼き色がつかなかったら温度を10〜20℃上げてみる、つきすぎたら温度を10〜20℃下げて焼いてみる、温度は変えずにアルミホイルを上にのせてそれ以上の焼き色がつかないようにしてみる、予熱時にレシピより20℃高く設定しておき、お菓子を入れたらレシピ通りの温度に落として焼いてみる、などです。

Q オーブンの機能設定はどう使い分けますか?

A オーブンの機能には大きく分けてオーブン機能とコンベクション機能があります。機能の違いによって焼き上がりも変わります。
オーブン機能は上下にある熱線で加熱され、コンベクション機能はファンが回るなどでオーブン庫内の空気を対流させて焼きます。この本ではオーブンの標準機能の上下の火だけで焼成する温度を表記しています。
コンベクション機能を利用する場合はレシピより20℃ほど温度を落として焼きます。
ご家庭のガスオーブンの中には、空気対流を止められない機種も存在するので、その場合でもレシピの温度よりも20℃下げて焼きます。

Q 生地が焼けたとき、熱いうちに打ちつけて空気を抜くのはなぜですか?

A 焼き縮みを防ぐためです。
生地が膨らむ理由は熱膨張です。気泡が熱で膨張し、生地が膨らみます。
その気泡がさめるときには縮小し、気泡内が陰圧(内部の圧力が外部より低い状態)になり生地を縮ませます。
台に打ちつけるとその衝撃で気泡の中の空気が飛び出し、すぐに外の空気が取り込まれ、多くの気泡に亀裂が入ります。気泡に亀裂を入れるとそこから空気が入り込みやすいので陰圧が緩和され縮みにくくなります。
ですがすべての気泡の空気を入れ替え、亀裂を入れることは不可能です。ですから、さめたら少し縮んでしまうのは避けられないことです。

卵 に 関 す る 質 問

Q よくレシピ本には「卵を直接材料の入ったボウルに
割り入れてはいけない」と書かれていますが、なぜですか？

A 卵をほぐさずにほかの材料と混ぜるレシピでも、まず卵は別容器に入れて割り、そこから材料のボウルに加えます。理由は卵の殻などが落ちたときに、粉やバターなどに紛れて気づかずにそのまま混ぜ込んでしまう可能性があるからです。
また万が一、卵が傷んでいたら一緒に入れた材料が無駄になってしまうので、そうした事態を避けるためにも、直接割り入れないようにします。

Q 卵を割ったときに殻が入ってしまったら、
どうやって取り除きますか？

A 卵の殻を簡単に取り除くには、卵の殻を利用してみましょう。指ではなかなか小さな殻をつかめませんが、割った殻を使うことで簡単に取り除けます。

 →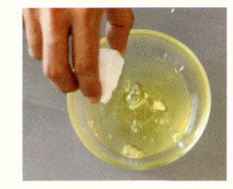

白身に殻が入っている
状態。

割ったほうの殻を使ってすくう。

Q 卵白が余ったときはどう保存すればいいですか？

A 余った卵白は清潔な密閉できる容器に入れて冷蔵保存します。卵白はとても腐敗しにくい食品です。卵を守るために殺菌作用のある酵素が含まれているからです。
ただし一度割ったものは雑菌が入りやすくなるので、すぐに使う予定がない場合は冷凍保存。ラップなどで包んで口を輪ゴムなどで縛り、小分けにしておくと解凍しやすく、便利です。

Q 卵を常温に戻しておくのはなぜですか？

A 卵が冷たいと泡立ちにくくなったり、バターと合わせると分離したりする原因になるからです。冷蔵庫から出し、さわってもひんやりしない程度になるまでおきます。1時間（夏場は30分）ほどが目安です。

型 に 関 す る 質 問

Q 型 が な い と き は 、 別 の 型 で も 代 用 で き ま す か ？
パ ウ ン ド 型 、 丸 型 、 シ フ ォ ン 型 は そ れ ぞ れ 代 用 し 合 え ま す か ？

A パウンドケーキを丸型で、スポンジ生地をパウンド型で焼くことも可能ですが、量を調整したり、オーブンで焼く時間を短く、または長くすることが必要となる場合もあるので、初心者であればレシピ通りの型を用意して、レシピ通りに作ることをおすすめします。
シフォン型がなければ紙製のシフォン型でもOKです。

初心者は型を用意したほうが無難。
お菓子用具売り場や100円均一ショップ
などで使い捨ての紙製やアルミホイル製
の焼き型も売っている。

Q 直 径 18cm 丸 型 の レ シ ピ を 、 15cm 丸 型 で 作 る に は
ど う す れ ば い い で す か ？
ま た そ の と き の 温 度 、 焼 き 時 間 は ？

A 重さの割合で計算する方法と卵の個数で計算する方法があります。

・重さの割合で計算
18cmの分量を15cmに当てはめるには、すべての材料を約0.7倍の重さに換算します。
18cmから21cmにするには約1.35倍、18cmから24cmにするには約1.8倍にします。

・卵の個数から計算
例えば、P43のガトークラシック オ ショコラ（直径18cm）には卵が4個使われています。15cmにするには卵を1個減らします。卵以外の材料は3/4、約0.75倍にして計算します。
ワンサイズ大きくするには卵を1個増やし、卵以外の材料は約1.25倍にします。

・温度、焼き時間
型の大きさが変わってもオーブンの温度はレシピ通りですが、時間を変えます。
ワンサイズ大きくなればプラス5〜10分前後、小さくなれば5〜10分前後短くします。

失敗しないための注意

Q スポンジがうまく膨らまなかったのですが。

A うまく膨らまない理由はさまざまな条件が重なった結果かもしれません。失敗の原因は一概には特定できませんが、以下のことに気をつけて作ってみてください。

・焼成中にスポンジが膨らまなかった

生地の中の気泡が少ないかもしれません。卵をよく泡立てることと、粉と混ぜるときはP15「混ぜ方の基本」を参照に、少ない混ぜ回数で効率よく混ぜ、気泡が多く残るようにしましょう。また、型に生地を流し終わったらすぐにオーブンに入れて焼き上げることもポイントです。

・スポンジが焼いているうちに凹んでしまった

焼成温度が高すぎることが原因かもしれません。スポンジ（ジェノワーズ）生地は高温で焼成すると、焼いているうちに凹みやすくなります。レシピ通りの温度でも焼成中に凹んでしまったら、温度を落として焼いてください。

180℃で焼いたため、温度が高すぎて真ん中が凹んだ例。

・さましているうちにスポンジが凹んでしまった

焼き上がったら10cmの高さから台やテーブルなどに型を落とす、またはそれと同じような力加減で型を打ちつけて焼き縮みを防止します。
また、スポンジの中まで火が通っていないと、さましたときにしぼんでしまいますから、オーブンから取り出すときは竹串を真ん中に刺して、生地が串についてこないかもチェックします。まだ火が通っていないようなら5〜10分追加して焼くといいでしょう。

焼き上がったら型を打ちつける。

Q タルト生地をめん棒でのばす際に、生地が割れてしまって、うまくのびません。

A 生地は冷蔵庫から出し、手でやわらかくしながら軽く練ってからのばします。生地が乾燥したときにものばしにくくなるので、生地を冷蔵庫に入れる際にはきちんとラップに包むことが大切です。

生地はラップできちんと包んで冷蔵庫へ。

えもじょわ

1980年山形県酒田市生まれ。調理師専門学校卒業後、料理人（キュイジニエ）に。2010年渡仏。2014年よりブログでお菓子と料理レシピを紹介。美しい写真とわかりやすいレシピ、作り方のコツ、フランスに関する雑記などで人気を得る。YouTube、ニコニコ動画などに料理動画を投稿し、YouTube総視聴回数は5000万回にも及ぶ（2018年7月末時点）。著書に『パリ在住の料理人が教える　誰でも失敗なくできるスイーツレシピ』『パリ在住の料理人が教える　フライパンでできる本格フレンチレシピ』（ともにKADOKAWA）がある。

EMOJOIE CUISINE
http://emojoiecuisine.hatenablog.com/
https://www.youtube.com/user/emojoie/

パリ在住（ざいじゅう）の料理人（りょうりにん）が教（おし）える
一生（いっしょう）ものの定番（ていばん）スイーツレシピ

2018年8月30日　初版発行
2018年11月10日　3版発行

著者／えもじょわ
発行者／川金　正法
発行／株式会社KADOKAWA
〒102-8177　東京都千代田区富士見2-13-3
電話　0570-002-301(ナビダイヤル)
印刷所／大日本印刷株式会社

KADOKAWAカスタマーサポート
［電話］0570-002-301（土日祝日を除く11時〜17時）
［WEB］https://www.kadokawa.co.jp/（「お問い合わせ」へお進みください）
※製造不良品につきましては上記窓口にて承ります。
※記述・収録内容を超えるご質問にはお答えできない場合があります。
※サポートは日本国内に限らせていただきます。

定価はカバーに表示してあります。